智慧财经专业群建设新形态教材

基础会计项目化实训手册

（活页式）

主　编　曹井花　刘林林
副主编　战少慧　谢　静

同济大学出版社 · 上海
TONGJI UNIVERSITY PRESS · SHANGHAI

内容提要

本书是会计基础课程教学内容的配套教材，教材内容分为单项实训、综合实训和云会计信息化实训。单项实训包含会计书写、原始凭证的填写与审核、记账凭证的填制与审核、会计账簿登记、财务报表的编制、会计档案的归档；综合实训包含11月和12月两个月52笔业务的会计处理，综合实训部分包含手工做账和云会计信息化实训。

本书以我国最新的《企业会计准则》为依据，课证融合，运用"项目化+任务驱动"教学思路及"手工+云会计"模式。

本书适合高职大数据与会计、大数据与财务管理、统计与大数据分析专业等五年一贯制会计专业教学使用。

图书在版编目（CIP）数据

基础会计项目化实训手册 / 曹井花，刘林林主编
-- 上海 : 同济大学出版社，2022.11
ISBN 978-7-5765-0501-6

Ⅰ．①基… Ⅱ．①曹…②刘… Ⅲ．①会计学－手册 Ⅳ．①F230

中国版本图书馆CIP数据核字(2022)第233650号

基础会计项目化实训手册

主编 曹井花 刘林林 **副主编** 战少慧 谢 静
责任编辑 杨 艳 **助理编辑** 张瀚文 **责任校对** 徐逢乔 **封面设计** 潘向蓁

出版发行 同济大学出版社 www.tongjipress.com.cn
（地址：上海市四平路1239号 邮编：200092 电话：021-65985622）
经　销 全国各地新华书店
印　刷 浙江广育爱多印务有限公司
开　本 787mm×1092mm 1/16
印　张 15.25
字　数 381 000
版　次 2022年11月第1版
印　次 2022年11月第1次印刷
书　号 ISBN 978-7-5765-0501-6

定　价 68.00元

PREFACE 前言

本书是产教融合、校企合作开发的新型工作手册式教材，是山东省高水平专业群——智慧财经专业群建设项目成果。

会计作为一门应用型学科，在教学过程中需要将理论与实际相结合，尤其是对于高职院校学生来说，在对其进行会计基础理论知识的教学时，需要通过实训教学强化对理论的掌握，激发学生的学习兴趣，达到事半功倍的教学效果。基于此，我们组织有丰富教学经验的教师和行业专家，以柠檬云财务软件为载体，结合企业发生的真实经济业务编写了本书。

本书以习近平新时代中国特色社会主义思想为指导，深入贯彻党的二十大精神，坚持党的领导，坚持正确办学方向，坚持立德树人，弘扬工匠精神，培养财经类高素质技术人才，为全面建设社会主义现代化国家提供强有力的人才和技能支撑。

为响应教育部全面推进高等学校课程思政建设工作的要求，本书融入思政教育元素，逐步培养学生树立正确的价值观，从而实现全员、全过程、全方位育人，指引学生树立爱国主义情感，积极学习，立志成为新时代社会主义事业建设者和接班人。引导学生做到：

1. 遵守法律、会计准则的规定，遵守单位各项规章制度，守住法律和道德底线。

2. 遵循八项会计职业道德的基本要求：爱岗敬业、诚实守信、廉洁自律、客观公正、坚持准则、提高技能、参与管理和强化服务。

3. 坚定职业操守，抵制诱惑。

4. 树立终身学习的理念，不断学习会计准则、税收法规相关知识和人工智能、大数据会计等技术。

5. 具有极强的专业性，做到精益求精。

6. 培养积极、细致、认真、谨慎的工作态度。

本书以“项目导向，任务驱动”为教学思路，以制造业典型业务为主线进行情境导入，从建立账簿开始，到填制和审核原始凭证与记账凭证、登记账簿，以及编制财务报表，形成一个完整的、系统的、综合的会计工作任务。期间由教师进行点拨引导、过程检查、修正完善及评估检测，最终达到拓展升华。本书与其他会计实训教材相比，具有以下三个优点。

1. 实训资源丰富，技能递进提升

本书以同一家公司连续2个月的基本经济业务为主线进行实训教学，11月份原始单据内容完整，可用于会计基础“原始凭证”部分教学，让学生在实训过程中认识原始凭证、学习原始凭证。12月份原始单据内容需由学生完成，锻炼学生填制原始凭证的能力，培养学生操作技能，提升学生会计核算综合能力。

2. 紧跟行业发展，体现技术更新

本书主要分为会计手工核算、财务云平台信息化两部分。财务云平台采用面向全国社会公众免费开放的柠檬云财务软件，既适用于学生实训的需求，也满足企业日常会计业务的需要，实现学生业财融合实训与企业财务会计实践的无缝对接。柠檬云财务软件既可以在电脑上操作，也可以通过手机操作，实现随时随地处理会计账务。

3. 校企合作开发，最新企业数据

在撰写本书过程中，编者深入校企合作单位的企业生产车间、财务咨询公司进行实训操作，书中涉及的案例均为企业真实发生的经济业务，校企合作单位为本书提供了大量素材和业务资料，从而使本书的实训操作更加贴近于企业会计实践需求，有利于培养学生的职业判断能力。

本书由曹井花和刘林林担任主编，战少慧、谢静担任副主编。曹井花负责项目二、项目三、项目四、项目五任务一、项目六任务一、项目八，刘林林负责项目五任务二、项目六任务二、项目七和附件部分，战少慧负责项目一，谢静负责项目九、项目十。全书由曹井花总纂定稿。

本书的出版得到了同济大学出版社的大力帮助和支持，在此深表感谢。由于编者水平有限，对实际工作研究不够全面，书中难免存在缺点和错误，在此，我们期待广大读者批评指正，以便不断修改和完善。

编者

2022年11月

CONTENTS

目录

项目一　会计书写规范

任务一　数字的书写

一、基本要求

会计工作离不开书写。数字的书写是财经工作者的一项基本功，对会计人员来说尤为重要。财经工作常用的数字有两种：一种是阿拉伯数字，一种是中文大写数字。通常将用阿拉伯数字表示的金额数字简称为“小写金额”，用中文大写数字表示的金额数字简称为“大写金额”。阿拉伯数字与中文大写数字有不同的规范化要求，会计数字的书写应规范。对财会人员书写的要求是正确、规范、清晰、整洁、美观。

（一）正确

正确，是指对所发生的经济业务的记录，一定要正确反映其内容，反映其全过程及结果，反映其全貌，所用文字与数字一定要书写正确。

（二）规范

规范，是指对有关经济活动的记录书写一定要符合财会法规和会计制度的各项规定，符合对财会人员的要求。无论是记账、核算、分析、编制报表，都要书写规范、数字准确、文字适当、分析有理，要严格按书写格式书写。文字要以国务院公布的简化汉字为标准，不要滥造简化字，不要滥用繁体字。数码字要按规范要求书写。

（三）清晰

清晰，是指账目条理清晰，书写时字迹清楚，举笔坚定，无模糊不清的现象。

（四）整洁

整洁，是指账面清洁，横排、竖排整齐分明，无杂乱无章现象。书写工整、不潦草，无大小不均、参差不齐及涂改现象。

（五）美观

美观，是指结构安排要合理，字迹流畅，字体大方，显示个人功底。

二、阿拉伯数字的书写规范

阿拉伯数字也称“公用数字”，原为古印度人创造，公元 8 世纪传入阿拉伯，后又从阿拉伯传入欧洲，始称为“阿拉伯数字”。由于它字数少，笔画简单，人们普遍乐于使用，因此很快传遍世界各地。阿拉伯数字是世界各国的通用数字。

（一）标准写法示范

阿拉伯数字的写法，过去只有印刷体是统一字型的，手写体根据人们的习惯和爱好来写，没有统一的标准字体。近年来随着经济发展，金融、商业等部门逐步采用一种适合商业、金融记数和计算需要的阿拉伯数字手写体，其标准书写字体如图 1–1 所示。

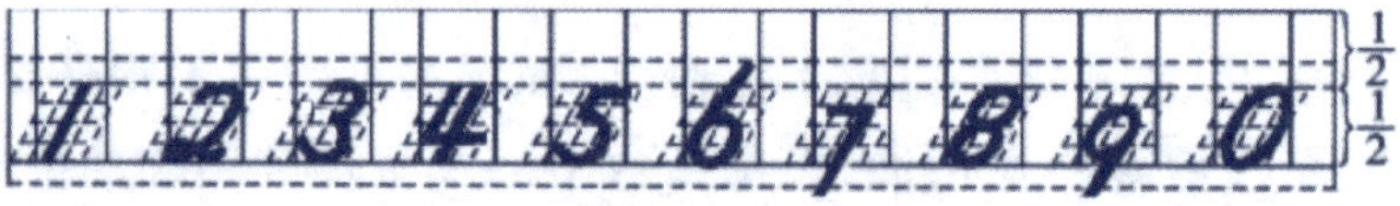

图 1-1　阿拉伯数字标准书写字体

（二）书写要求

会计工作离不开阿拉伯数字，数码要写标准字体，在有金额分位格的账表凭证上，阿拉伯数字的书写，结合记账规则的需要，特定的书写要求如下：

1. 书写数字应由高位到低位，从左到右，一个一个地认真书写，各自独立，不可潦草，不可模棱两可，不得连笔写，以免分辨不清。

2. 账表凭证上书写的阿拉伯数字应使用斜体，斜度大约为 60° 。

3. 数字高度约占账表凭证金额分位格的 1/2，这样既美观又便于改错。

4. 除“7”和“9”上低下半格的 1/4 处、下伸次行上半格的 1/4 处外，其他数字都要靠在底线上书写，不要悬空。

5. “0” 要写成椭圆形，细看应接近轴对称与中心对称的几何图形，下笔要由右上角按逆时针方向划出，既不要写得太小，也不要开口，不留尾巴，不得写成“D”型，也不要写成“C”型。

6. “1”的下端应紧靠分位格的左下角。

7. “4”的顶部不封口，写“∠”时应上抵中线，下至下半格的 1/4 处，并注意中竖是最关键的一笔，斜度应为 60° ，否则“4”就写成正体了。

8. “6”的上半部分应斜伸出上半格的四分之一的高度。

9. 写“8”时，上边要稍小，下边应稍大，注意起笔应写成斜“S”型，终笔与起笔交接处应成菱角，以防止将“3”改为“8”。

10. 从最高位起，后面各分位格数字必须写完整。

总之，数字的宽窄与长短比例要匀称，字型要完全一致，不许多笔或少笔，同样的数字要笔顺一致、字体一致、宽窄一致，圆直相接要吻接，自然、柔软、平滑。力求美观大方。

任务二 文字的书写

一、中文大写数字书写的有关规定

（一）用正楷字体或行书字体书写

中文大写金额数字，主要用于发票、支票、汇票、存单等重要凭证的书写，为了易于辨认、防止涂改，应一律用正楷或者行书书写。如壹（壹）、贰（贰）、叁（叁）、肆（肆）、伍（伍）、陆（陆）、柒（柒）、捌（捌）、玖（玖）、拾（拾）、佰（佰）、仟（仟）、万（万）、亿（亿）、圆（圆）、角（角）、分（分）、整（整）、零（零）等字样。不得用中文小写一、二、三、四、五、六、七、八、九、十或廿、两、毛、另（或0）、园等字样代替，不得自造简化字。大写金额数字到元或者角为止的，在“元”字或者“角”字之后应当写“整”字或者“正”字；大写金额数字有分的，“分”字后面不写“整”字或者“正”字。

（二）“人民币”与数字之间不得留有空位

有固定格式的重要凭证，大写金额栏一般都印有“人民币”字样，书写时，金额数字应紧接在“人民币”后面，在“人民币”与大写金额数字之间不得留有空位。大写金额栏没有印有“人民币”字样的，应在大写金额数字前填写“人民币”三字。

（三）有关“零”的写法

一般在填写重要凭证时，为了增强金额数字的准确性和可靠性，需要同时书写小写金额和大写金额，且二者必须相符。当小写金额数字中有“0”时，大写金额应怎样书写，要看“0”所在的位置。

1. 金额数字尾部的“0”，不管有一个还是有连续几个，大写金额到非零数位后，用一个“整（正）”字结束，都不需用“零”来表示。如“¥4.80”，大写金额数字应写成“人民币肆元捌角整”；又如“¥200.00”，应写成“人民币贰佰元整”。

2. 对于小写金额数字中间有“0”的，大写金额数字应按照汉语语言规律、金额数字构成和防止涂改的要求进行书写。举例说明如下：

（1）小写金额数字中间只有一个“0”的，大写金额数字要写成“零”字。如“¥306.79”，大写金额应写成“人民币叁佰零陆元柒角玖分”。

（2）小写金额数字中间连续有几个“0”的，大写金额数字可以只写一个“零”字。如“¥9 008.36”，大写金额应写成“人民币玖仟零捌元叁角陆分”。

（3）小写金额数字元位是“0”，或者数字中间连续有几个“0”，元位也是“0”，但角位不是“0”时，大写金额数字中间可以只写一个“零”，也可以不写“零”。如“¥3 480.40”，大写金额应写成“人民币叁仟肆佰捌拾元零肆角整”，或者写成“人民币叁仟肆佰捌拾元肆角整”；又如“¥920 000.16”，大写金额应写成“人民币玖拾贰万元零壹角陆分”，或者写成“人民币玖拾贰万元壹角陆分”。

（4）小写金额数字角位是“0”而分位不是“0”时，大写金额“元”字后必须写“零”字。如“¥637.09”，大写金额应写成“人民币陆佰叁拾柒元零玖分”。

（四）票据的出票日期必须使用中文大写

为防止变造票据的出票日期，在填写月、日时，月为壹、贰和壹拾的，日为壹至玖和壹拾、贰拾、叁拾的，应在其前加“零”，日为拾壹至拾玖的，应在其前面加壹。如1月15日应写成零壹月壹拾伍日。票据出票日期使用小写填写的，银行不予受理。

票据和结算凭证上金额、出票或者签发日期、收款人名称不得更改，更改的票据一律无效。票据和结算凭证金额以中文大写和阿拉伯数字同时记载的，二者必须一致，否则票据无效，银行不予受理。

票据和结算凭证上一旦写错或漏写了数字，必须重新填写单据，不能在原凭单上改写数字，以保证所提供数字的真实、准确以及完整。

二、会计及摘要书写要求

会计科目是对会计核算对象的具体内容进行科学分类的项目，设置会计科目是会计核算的专门方法之一。按照会计科目提供信息的详细程度分类，会计科目分为“总分类科目”和“明细分类科目”。在会计工作中，当经济业务发生时，要按照会计科目填制“记账凭证”和开设并登记账簿。不论是填制记账凭证还是登记账簿，都应对该项经济业务的事由，即“摘要”说明清楚。在使用会计科目和填写摘要时，要遵循以下原则和要求：

1. 填制记账凭证和登记账簿时，必须用碳素笔或钢笔认真书写，不得使用圆珠笔、铅笔和纯蓝色墨水笔；一般使用楷书或行书书写，不得使用草书书写；文字书写的宽窄与长短比例要匀称，字型要完全一致，不能满格书写；文字上方要向右倾斜，文字的中心线与水平线的交角在60°为宜；文字的长度占所记录表格的1/2为宜，留有空间以备改错，同时也是为了保持账面美观。

2. “会计科目”应按“会计制度”规定的名称、内容和要求填写，要用全称；凡有明细分类科目者，必须填齐；不能只用科目代号；科目之间的对应关系必须清楚。

3. 会计凭证中有关经济业务内容的“摘要”必须真实。在填写“摘要”时，既要简明，又要全面、清楚，应以说明问题为主。一般来说，写物要有品名、数量、单价；写事要有过程；银行结算凭证要注明支票号码、去向；送存款项要注明现金、支票、汇票等。遇有冲转业务，不能只写冲转，应写明冲转某年、某月、某日、某项业务和凭证号码，也不能只写对方账户。要求“摘要”能够正确地、完整地反映经济活动和资金变化的来龙去脉，切忌含糊不清。

4. 账簿上的“摘要栏”，应依据记账凭证上的“摘要”填写，其简明程度，以能从账簿上看出经济业务的基本内容为限。不能过于详细以至栏内书写不开，有失账面整洁；也不能过于简单，以致于看不出经济业务的基本情况。遇有查询还需查阅会计凭证，更不能填省略号或空白不填。

5. 记账凭证和账簿上所填写的文字也和数字一样，不准随意涂改、刀刮、纸贴、药水洗、橡皮擦。当填写错误需要更正时，应将错误的文字用红色墨水单线注销，另填正确的文字，并加盖经手人的印章。

任务三 项目实训

一、书写练习

（一）阿拉伯数字书写练习

请按标准阿拉伯数字字体练习。

阿拉伯数字书写练习用纸

千	百	十	万	千	百	十	元	角	分	千	百	十	万	千	百	十	元	角	分	千	百	十	万	千	百	十	元	角	分

续表

千	百	十	万	千	百	十	元	角	分	千	百	十	万	千	百	十	元	角	分	千	百	十	万	千	百	十	元	角	分

（二）汉字大写数字书写练习

请按下列汉字大写数字标准练习大写数字的书写。

大写数字书写练习用纸

壹	贰	叁	肆	伍	陆	柒	捌	玖	拾	零	佰	仟

二、大小写金额练习题

（一）用小写金额表示下列大写金额

1．人民币陆佰肆拾捌元伍角贰分　　　　¥ ________________

2. 人民币伍拾元整 ¥ ________

3. 人民币壹拾元整 ¥ ________

4. 人民币捌万元整 ¥ ________

5. 人民币壹拾亿元整 ¥ ________

6. 人民币肆元整 ¥ ________

7. 人民币伍元伍角 ¥ ________

8. 人民币柒角贰分 ¥ ________

9. 人民币玖角捌分 ¥ ________

10. 人民币捌分 ¥ ________

（二）用大写金额表示下列小写金额

1. 人民币 ________ ¥ 26.96

2. 人民币 ________ ¥ 47.00

3. 人民币 ________ ¥ 10.00

4. 人民币 ________ ¥ 5 007.00

5. 人民币 ________ ¥ 3 000.00

6. 人民币 ________ ¥ 800 001.26

7. 人民币 ________ ¥ 6 200.10

8. 人民币 ________ ¥ 0.63

9. 人民币 ________ ¥ 0.09

10. 人民币 ________ ¥ 6 000 000 000.00

项目二 实训企业基本资料

任务一 企业基本情况

企业名称：山东育才家具有限公司

企业类型：工业企业

注册资本：400 万人民币

开户银行：中国银行济南市长清区支行

账　　号：370028257131

统一社会信用代码：91370102169354239R

联系电话：0531–84895086

公司地址：山东省济南市长清区明天路 6666 号

山东育才有限责任公司是增值税一般纳税人，企业主要生产学生课桌、学生课椅。该公司营业执照如图 2–1 所示。

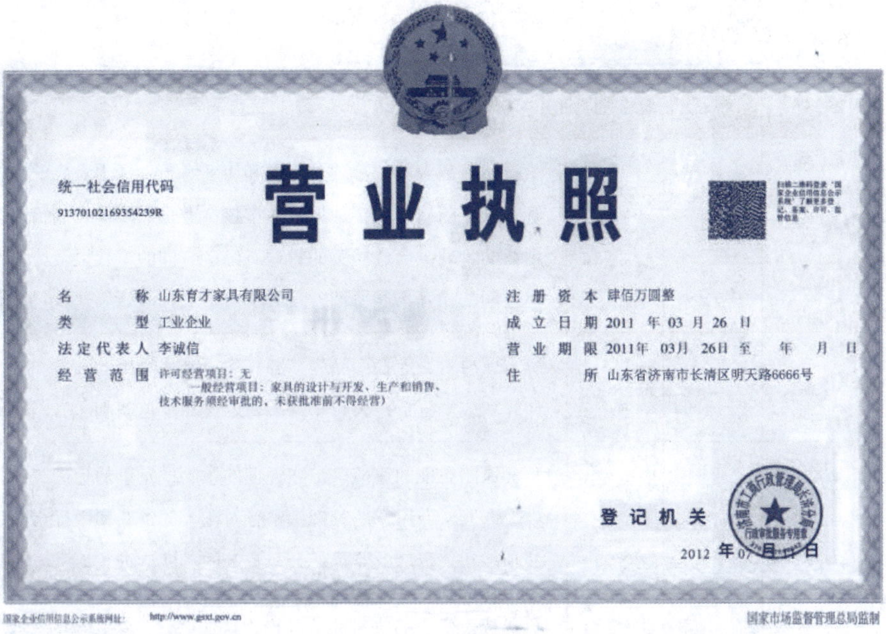

图 2-1 山东育才家具有限公司营业执照

任务二 企业组织机构及人员岗位设置

1. 组织机构

按照有限责任公司的规定，公司的权力机构为股东会。公司设立董事会对股东会负责，董事长李诚信为公司的法定代表人。

公司设总经理对董事会负责，总经理由董事长兼任，副总经理 4 人，分别为行政副总经理、财务副总经理、生产副总经理和营销副总经理。

公司建立了职能型组织结构，部门分为 1 办 5 部 4 车间，共 10 个部门，“1 办 5 部”分别是办公室、人力资源部、技术质检部、财务部、采购部（材料仓库）和销售部（产成品仓库）。

2. 人员岗位设置

根据企业各部门的实际情况，设置相应的岗位，全公司设有 85 个职位。

其中：财务部共 4 人，设会计主管 1 人，成本会计 1 人，总账会计 1 人，出纳 1 人。具体员工信息见表 2–1。

表 2-1　财务部员工信息

序号	岗位名称	姓名	性别	工作职责
1	会计主管	刘岚	男	负责财务部人员的管理，月度和年度考核；费用资金的审核；财务管理制度的修订；会计凭证的审核；登记账簿及编制报表；财务专用章的管理；会计档案的管理；经济合同的审核以及公司内部各部门之间的相互沟通协调
2	成本会计	张森	男	负责原材料、库存商品的核算工作；制造费用的归集和分配；成本计算和成本分析；公司年度、月度预算汇总编制
3	总账会计	温暖	女	负责原始凭证的审核，记账凭证的填制；发票的管理和开具；纳税申报；发票专用章的管理；银行对账单的领取和银行余额调节表的编制；相关资产的监督；公司资产的年度清查
4	出纳	王芸	女	负责货币资金的收付业务及日记账的登记；法人章的管理；有价证券、空白收据、支票、商业汇票等凭证、票据的保管工作

任务三　企业会计政策简介

1. 该公司执行新企业会计准则。

2. 库存现金限额为 10 000.00 元。

3. 原材料按实际成本计价，发出材料成本采用先进先出法。

4. 已销商品成本采用月末一次加权平均法，加权平均单价保留小数点后 4 位，成本计算结果保留小数点后 2 位。

5. 固定资产折旧采用年限平均法计算，折旧政策与税法规定一致。

6. 资产负债表日根据资料要求提取各项资产减值准备，其中坏账准备核算采用备抵法，计提比例为应收账款年末余额的 0.3%。

7. 成本、费用核算。

（1）公司只有一个生产车间生产学生课桌和学生课椅两种产品，采用品种法进行成本核算，月末不计算在产品，没有辅助生产车间。

公司生产流程如图 2–2 所示。

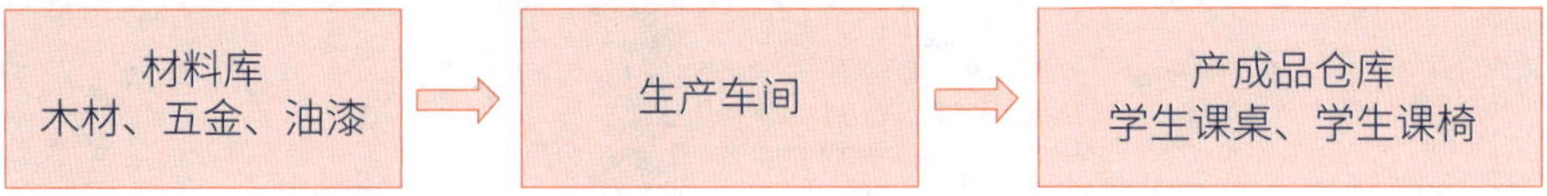

图 2-2 生产流程

（2）产品成本分为三个项目：直接材料、直接人工和制造费用，直接材料采用实际成本法核算，制造费用月末按照生产工时分配。

（3）制造费用按费用项目设置明细科目：材料费、人工费、折旧费。

8．税费。

（1）增值税：一般纳税人，公司采购材料和销售产品的价格均为不含税价格，增值税税率为 13%，城市维护建设税税率为 7%，教育费附加税率为 3%。

（2）所得税：所得税费用的计算采用资产负债表债务法，公司适用的所得税税率为 25%，假定公司不存在纳税调整事项，会计利润总额就是应纳税所得额。

9．职工薪酬。

职工福利费的提取比例为 14%。本实训不涉及员工缴纳个人所得税。

10．利润分配。

（1）法定盈余公积提取比例为 10%，任意盈余公积提取比例为 5%。

（2）应付给投资者的利润按可供投资者分配利润的 10% 提取。

11．会计工作流程。

（1）审核原始凭证，根据审核无误的原始凭证编制记账凭证，逐日逐笔登记日记账、明细账。

（2）采用通用记账凭证，采用自然序号法，只有在一张记账凭证编写不下时采用分号法；每个月开始重新编号。

（3）月末根据账簿记录计算与分配，编制月末结转类原始凭证，再据此编制记账凭证。

（4）11 月份采用记账凭证核算程序登记总账，12 月份采用科目汇总表核算程序登记总账；每月汇总一次编制科目汇总表，根据审核无误的科目汇总表登记总账。

（5）全部登记入账后，核对准确无误后进行结账。

（6）月末根据有关账簿记录编制利润表和资产负债表。

（7）月末根据银行对账单核对银行存款日记账，编制银行存款余额调节表。

工作流程如图 2-3 所示。

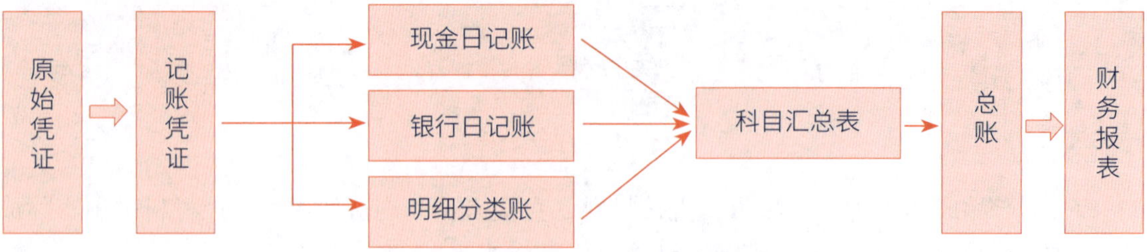

图 2-3 账务流程

任务四 企业客户和供应商

企业生产的产品主要批发给零售企业和学校，也面向家庭用户。客户、供应商企业基本信息见表 2-2。

表 2-2 客户、供应商企业基本信息

序号	企业名称	纳税人识别号	地 址、电 话	开户行及账号
客户	济南飞翔商贸有限公司	91370199943211188R	山东省济南市历下区解放路 202 号；0531-86543211	中国建设银行济南市历下区支行 62365783452823689765
	济南华鑫办公用品有限公司	91370199183252326R	山东省济南市槐荫区经十西路 321 号；0531-85563218	中国工商银行济南市槐荫区支行 1602807853335221234
供应商	山东茂盛木业有限公司	91371700231399841R	山东省菏泽市曹县茂盛路 1 号；0530-83583215	中国建设银行菏泽市曹县支行 37005842357638912345
	山东润德家具有限公司	91370869183782521R	山东省德州市高新区火炬路 8 号；0537-87513212	中国农业银行德州市高新区支行 623658223578983

项目三　实训操作要求

任务一　手工账实训操作要求

1. 期初建账，登记账簿期初余额。
2. 按照经济业务发生的日期顺序，根据要求填制原始凭证。
3. 审核原始凭证，并根据审核无误的原始凭证逐日逐笔编制记账凭证。
4. 根据审核无误的记账凭证登记现金日记账、银行存款日记账及其他各种明细账。
5. 每月末编制企业科目汇总表，并根据汇总表登记总账。
6. 对账，达到账账相符。
7. 期末结账。
8. 编制资产负债表（只登记期末余额）、利润表（只登记本期金额）。
9. 整理、装订会计凭证。

任务二　手工实训所需主要会计物品清单

所需的会计物品清单见表 3–1。

表 3-1　手工实训主要会计物品清单

物品名称	单位	备注
通用记账凭证	张	本书附件中有
总账	张	
现金日记账账页	张	
银行存款日记账账页	张	
三栏式账页	张	
多栏式账页	张	
数量金额式账页	张	
科目汇总表	张	
会计凭证封面	张	自己准备
会计凭证封底	张	
注：每位同学自行准备黑色签字笔、红色签字笔各一支，固体胶一支，文件袋一个，大号长尾夹两个。		

项目四 实训期初建账资料并建账

任务一 建立总账并登记账簿

一、资产、负债和所有者权益类总账账户

山东育才家具有限责任公司11月初总账科目的期初余额见表4-1，请根据数据开设并登记总账账簿。

表4-1 11月初总账账户余额表

账户名称	借方	贷方
库存现金	6 000.00	
银行存款	9 206 659.00	
其他货币资金	140 400.00	
应收票据	185 200.00	
应收账款	988 000.00	
坏账准备		2 964.00
预付账款	120 000.00	
其他应收款	6 000.00	
原材料	498 800.00	

续表

账户名称	借方	贷方
库存商品	540 600.00	
生产成本	76 320.00	
长期股权投资	2 540 000.00	
固定资产	6 456 000.00	
累计折旧		1 758 000.00
在建工程	636 000.00	
无形资产	1 234 831.00	
应付账款		322 400.00
应付职工薪酬		229 210.00
应交税费		115 636.00
其他应付款		11 564.00
应付利息		4 750.00
长期借款		1 200 000.00
实收资本		4 000 000.00
盈余公积		1 706 200.00
本年利润		12 500 086.00
利润分配		784 000.00
合计	22 634 810.00	22 634 810.00

总账也称总分类账，是根据总分类科目开设账户，用来登记全部经济业务，进行总分类核算，提供总括核算资料的分类账簿。总分类账所提供的核算资料，是编制会计报表的主要依据，任何单位都必须设置总分类账。

总分类账一般采用订本式账簿。总分类账的账页格式，一般采用“借方”“贷方”“余额”三栏式，见表 4–2。

表 4-2 库存现金总分类账

库 存 现 金　　　　1

2022年		凭证号数	摘要	✓	借方											贷方											借或贷	余额										
月	日				亿	千	百	十	万	千	百	十	元	角	分	亿	千	百	十	万	千	百	十	元	角	分		亿	千	百	十	万	千	百	十	元	角	分
11	01		期初余额																								借						6	0	0	0	0	0

二、损益类总账账户

山东育才家具有限责任公司 1—10 月份损益类账户累计发生额见表 4–3。

表 4-3 1—10 月份损益类账户累计发生额

科目名称	借方发生额	贷方发生额
主营业务收入		8 700 000.00
其他业务收入		49 000.00
主营业务成本	4 740 000.00	
其他业务成本	33 000.00	
管理费用	790 000.00	
销售费用	610 000.00	
营业外支出	666 000.00	

根据《企业会计准则》账结法的要求，损益类账户没有期初余额，在开设登记损益类账户的总分类账时，需要填入企业 1—10 月份累计发生额，方便编制利润表和年末计算企业所得税使用。填写方式见表 4–4。

表 4-4 主营业务收入总分类账

主 营 业 务 收 入　　　　27

2022年		凭证号数	摘要	✓	借方											贷方											借或贷	余额										
月	日				亿	千	百	十	万	千	百	十	元	角	分	亿	千	百	十	万	千	百	十	元	角	分		亿	千	百	十	万	千	百	十	元	角	分
11	01		1—10月累计发生额				8	7	0	0	0	0	0	0	0			8	7	0	0	0	0	0	0	0	平									0	0	0

任务二 建立日记账并登记账簿

一、现金日记账

企业现金日记账是用来逐日逐笔登记库存现金收入、支付及结余情况的特殊日记账，采用订本式账簿。

现金日记账一般采用“收入（借方）金额”“付出（贷方）金额”和“结余金额”三栏式，见表 4–5。

表 4-5 现金日记账

库 存 现 金 日 记 账 第1页

<table>
<tr><td colspan="2">2022年</td><td rowspan="2">凭证号数</td><td rowspan="2">对方科目</td><td rowspan="2">摘 要</td><td rowspan="2">✓</td><td colspan="12">收入（借方）金额</td><td colspan="12">付出（贷方）金额</td><td colspan="12">结 余 金 额</td></tr>
<tr><td>月</td><td>日</td><td>十</td><td>亿</td><td>千</td><td>百</td><td>十</td><td>万</td><td>千</td><td>百</td><td>十</td><td>元</td><td>角</td><td>分</td><td>十</td><td>亿</td><td>千</td><td>百</td><td>十</td><td>万</td><td>千</td><td>百</td><td>十</td><td>元</td><td>角</td><td>分</td><td>十</td><td>亿</td><td>千</td><td>百</td><td>十</td><td>万</td><td>千</td><td>百</td><td>十</td><td>元</td><td>角</td><td>分</td></tr>
<tr><td>11</td><td>01</td><td></td><td></td><td>期初余额</td><td></td><td></td><td></td><td></td><td></td><td></td><td></td><td></td><td></td><td></td><td></td><td></td><td></td><td></td><td></td><td></td><td></td><td></td><td></td><td></td><td></td><td></td><td></td><td></td><td></td><td></td><td></td><td></td><td></td><td></td><td></td><td>6</td><td>0</td><td>0</td><td>0</td><td>0</td><td>0</td></tr>
</table>

二、银行存款日记账

企业银行日记账是由出纳员根据审核后的有关银行存款收、付款凭证逐日逐笔登记，反映银行存款的增减变化和结余情况的日记账，能够加强企业对银行存款日常的监督和管理，需要定期与开户银行进行核对。

银行存款日记账必须采用订本式账簿，其账页格式一般采用“收入（借方）金额”“付出（贷方）金额”和“结余金额”三栏式，见表 4–6。

表 4-6 银行存款日记账

银 行 存 款 日 记 账 第1页

<table>
<tr><td colspan="2">2022年</td><td rowspan="2">凭证号数</td><td rowspan="2">对 方 科 目</td><td rowspan="2">摘 要</td><td rowspan="2">✓</td><td colspan="12">收入（借方）金额</td><td colspan="12">付出（贷方）金额</td><td colspan="12">结 余 金 额</td></tr>
<tr><td>月</td><td>日</td><td>十</td><td>亿</td><td>千</td><td>百</td><td>十</td><td>万</td><td>千</td><td>百</td><td>十</td><td>元</td><td>角</td><td>分</td><td>十</td><td>亿</td><td>千</td><td>百</td><td>十</td><td>万</td><td>千</td><td>百</td><td>十</td><td>元</td><td>角</td><td>分</td><td>十</td><td>亿</td><td>千</td><td>百</td><td>十</td><td>万</td><td>千</td><td>百</td><td>十</td><td>元</td><td>角</td><td>分</td></tr>
<tr><td>11</td><td>01</td><td></td><td></td><td>期初余额</td><td></td><td></td><td></td><td></td><td></td><td></td><td></td><td></td><td></td><td></td><td></td><td></td><td></td><td></td><td></td><td></td><td></td><td></td><td></td><td></td><td></td><td></td><td></td><td></td><td></td><td></td><td></td><td></td><td>9</td><td>2</td><td>0</td><td>6</td><td>6</td><td>5</td><td>9</td><td>0</td><td>0</td></tr>
</table>

任务三 建立明细账并登记账簿

一、数量金额式明细账

企业数量金额式明细账适用于既要反映金额、又要反映数量的资产类项目，如原材料、库存商品等会计科目。

1. “原材料”明细账户期初余额表（按照实际成本核算）见表 4–7。

表 4-7 “原材料”明细账户期初余额表

总账科目	明细科目	计量单位	数量	单价	金额（元）
原材料	实木板	张	210.00	1 800.00	378 000.00
	三聚氰胺纸	张	580.00	120.00	69 600.00
	油漆	千克	512.00	100.00	51 200.00
合计	–	–	1 302.00	–	498 800.00

2. “库存商品”明细账户期初余额表（按照实际成本核算）见表 4–8。

表 4-8 “库存商品”明细账户期初余额表

总账科目	明细科目	计量单位	数量	单价	金额（元）
库存商品	实木桌	件	420.00	1 000.00	420 000.00
	实木椅	件	603.00	200.00	120 600.00
合计	–	–	1 023.00	–	540 600.00

在开设数量金额式明细账时，一定要注意登记数量、单价和金额，见表 4–9。

表 4-9 原材料数量金额式明细账

（原材料）明细账

总第____页 分第____页

二 级科目编号及名称____实木板

____级科目编号及名称

2022年		凭证		摘要	借方			贷方			结存		
月	日	种类	号数		数量	单价	金额（千百十万千百十元角分）	数量	单价	金额（千百十万千百十元角分）	数量	单价	金额（千百十万千百十元角分）
11	01			期初余额							210	1800	37800000

二、三栏式明细账

企业三栏式明细账主要适用于只反映金额的经济业务，如应收账款、应付账款、短期借款、实收资本等结算业务的明细分类核算。11 月初各有关明细账户余额表见表 4-10。

表 4-10　三栏式明细账账户余额表

总账账户	明细账户	借方	贷方
应收账款	济南飞翔商贸有限公司	680 000.00	
	济南华鑫办公用品有限公司	308 000.00	
其他应收款	石磊	6 000.00	
应付账款	山东茂盛木业有限公司		204 100.00
	山东润德家具有限公司		118 300.00
应付职工薪酬	工资		229 210.00
应交税费	应交增值税（进项税额）	13 560.00	
	应交增值税（销项税额）		129 196.00
盈余公积	法定盈余公积		986 200.00
	任意盈余公积		720 000.00
利润分配	未分配利润		784 000.00

在开设登记三栏式明细账时，可参考下面“应收账款”明细账，具体登记方法见表 4-11。

表 4-11　“应收账款”三栏式明细账

总第______页　分第______页

应收账款明细账

二级科目编号及名称 济南飞翔商贸有限公司

____级科目编号及名称______

2022年		凭证		摘要	借方金额												✓	贷方金额												✓	借或贷	余额												✓
月	日	种类	号数		十	亿	千	百	十	万	千	百	十	元	角	分		十	亿	千	百	十	万	千	百	十	元	角	分			十	亿	千	百	十	万	千	百	十	元	角	分	
11	01			期初余额																											借					6	8	0	0	0	0	0	0	

三、多栏式明细账

企业多栏式明细账是将属于同一个总账科目的各个明细科目合并在一张账页上进行登记。多栏式明细账适用于那些要求对金额进行分析的有关费用成本、收入成果类科目的明细分类核算，例如对“管理费用”“销售费用”“生产成本”等总账科目的明细核算可采用多栏式。

以“生产成本”多栏式明细账为例展示开设登记多栏式明细账的方法，“生产成本”明细账户期初余额表如表 4–12 所示，“生产成本”多栏式明细账如表 4–13 所示。

表 4-12　“生产成本”明细账户期初余额表

金额单位：元

总账科目	明细科目	计量单位	数量	成本项目			
				直接材料	直接人工	制造费用	合计
生产成本	实木桌	件	400.00	45 200.00	19 090.00	12 030.00	76 320.00

表 4-13　“生产成本”多栏式明细账

生产成本 明细账

总第____页 分第____页

一级科目编号及名称

二级科目编号及名称　实木桌

在产品数量　400

2022年		凭证号数	摘要	借方（收方）	贷方（付方）	借或贷	余额	（借）方金额		
								直接材料	直接人工	制造费用
月	日			百十万千百十元角分	百十万千百十元角分		百十万千百十元角分	百十万千百十元角分	百十万千百十元角分	百十万千百十元角分
11	01		月初在产品成本			借	7632000	4520000	1909000	1203000

项目五　经济业务资料

任务一　11 月份经济业务资料

山东育才家具有限公司 2022 年 11 月份发生的业务如下。

1. 11 月 1 日，向山东茂盛木业有限公司采购实木板 500 张，单价 2 000.00 元，材料已验收入库。根据增值税专用发票、入库单和转账支票存根入账。

2. 11 月 4 日，收到济南飞翔商贸有限公司前欠货款 680 000.00 元。根据中国银行进账单入账。

3. 11 月 5 日，办公室王山去上海出差预借差旅费 2 000.00 元。根据借款单入账。

4. 11 月 8 日，向山东润德家具有限公司购买三聚氰胺纸 1 000 张，单价 105.00 元。根据增值税专用发票、转账支票存根入账。

5. 11 月 9 日，发放 10 月份工资。根据工资结算汇总表和转账支票存根入账。

6. 11 月 10 日，王山出差回来报销差旅费。根据差旅费报销单入账。

7. 11 月 10 日，仓库收到 8 日向山东润德家具有限公司采购的三聚氰胺纸，并验收入库。根据入库单入账。

8. 11 月 11 日，生产车间为生产实木桌 1 000 件，领用实木板 400 张、三聚氰胺纸 700 张、油漆 100 千克。根据领料单入账。

9. 11 月 12 日，公司进行现金清查，发现现金短款 500.00 元。根据库存现金盘点报告表入账。

10. 11 月 13 日，经相关部门核查原因，12 日的现金盘亏属于出纳员王芸责任，应由出纳员赔偿。根据财产清查调查结果处理意见入账。

11. 11月13日，财务部收到出纳员王芸的赔偿款500元。根据收款收据入账。

12. 11月14日，向济南华鑫办公用品有限公司销售实木椅200件。根据增值税专用发票、商品出库单、银行进账单入账。

13. 11月16日，向济南华宇商贸有限公司购买办公用复印纸10箱，增值税税率13%，以现金支付。根据增值税专用发票入账。

14. 11月20日，为生产实木椅1 600件，生产车间领用实木板200张、油漆50千克。根据领料单入账。

15. 11月29日，向潍坊赫曼家具有限公司销售多余原材料油漆300千克。根据增值税专用发票、材料出库单和银行进账单入账。

16. 11月30日，向济南飞翔商贸有限公司销售实木桌1 200件，单价3 800元，增值税税率13%。根据增值税专用发票、商品出库单入账。

17. 11月30日，计提本月应负担的借款利息（结果保留到小数点后2位）。根据长期借款利息计算表入账。

18. 11月30日，分配本月工资费用（按上月应付工资分配）。根据工资费用分配汇总表入账。

19. 11月30日，计提本月固定资产折旧费。根据固定资产折旧计算表入账。

20. 11月30日，分配本月制造费用（分配率保留到小数点后4位）。根据制造费用分配表入账。

21. 11月30日，实木桌、实木椅全部完工入库，实木桌入库1 000件，实木椅入库1 600件。根据完工产品成本计算表和产成品入库单入账。

22. 11月30日，结转本月销售成本（月末）。根据主营业务成本计算单和其他业务成本计算单入账。

23. 11月30日，结转本月损益类账户。根据损益类账户结转表入账。

任务二 12月份经济业务资料

1. 12月1日，向建设银行济南高新支行申请流动资金贷款1 000 000元，贷款利率4.35%，款项已转入企业银行存款账户，借款期限6个月。根据借款借据入账。

2. 12月1日，会计部门从银行提取备用金3 000元，开出现金支票一张。根据现金支票入账。

3. 12月3日，向山东茂盛木业有限公司采购实木板200张，单价2 000元，增值税税率13%，材料尚未验收入库，款项尚未支付。根据增值税专用发票入账。

4. 12月5日，从山东茂盛木业有限公司采购的实木板运达企业并验收入库。根据入库单入账。

5. 12月5日，通过银行转账偿还前欠山东茂盛木业有限公司的购货款。根据转账支票入账。

6. 12月6日，收到股东刘峰投入的资本金200万元，已存入银行。根据银行进账单入账。

7. 12月7日，向山东润德家具有限公司购买三聚氰胺纸500张，单价100元，增值税税率13%，材料已验收入库，上述款项以转账支票付讫。根据增值税专用发票、转账支票和入库单入账。

8. 12月10日，生产车间为生产产品领用材料，生产实木桌领用实木板100张、三聚氰胺纸40张、油漆20千克。生产实木椅领用实木板50张、油漆10千克。根据领料单入账。

9. 12月14日，管理部门领用实木板20张，生产车间管理部门领用实木板5张，销售部门领用实木板5张。根据领料单入账。

10. 12月16日，公司销售给济南华鑫办公用品有限公司实木桌100件，售价4 000元，增值税税率13%，款项尚未收到。根据增值税专用发票入账。

11. 12月18日，收到济南华鑫办公用品有限公司前欠购货款项。根据进账单入账。

12. 12月20日，销售给济南飞翔商贸有限公司实木椅1 500件，销售单价500元，增值税税率13%，款项已收到并送存银行。根据增值税专用发票、进账单入账。

13. 12月22日，销售给济南华鑫办公用品有限公司多余材料实木板30张，售价2 500元，款项已收到。根据增值税专用发票、进账单入账。

14. 12月23日，企业向希望小学捐赠10 000元用于学校图书馆建设。根据转账支票入账。

15. 12月31日，计提本月应负担的借款利息（结果保留到小数点后2位）。根据贷款利息计算表和长期借款利息计算表入账。

16. 12月31日，计提本月应付职工工资。根据工资费用分配汇总表入账。

17. 12月31日，结转本月已销商品成本。根据主营业务成本计算单入账。

18. 12月31日，结转本月已销材料成本。根据其他业务成本计算单入账。

19. 12月31日，计提本月应缴纳城市维护建设费和教育费附加。根据税费计算表入账。

20．12 月 31 日，计提本月固定资产折旧 150 000 元，其中生产车间固定资产折旧 90 000 元，管理部门固定资产折旧 60 000 元。根据固定资产折旧计算表入账。

21．12 月 31 日，分配并结转本月制造费用。根据制造费用分配表入账。

22．12 月 31 日，产品完工验收入库。根据完工产品成本计算表、产成品入库单入账。

23．12 月 31 日，结转本期损益。根据损益类账户结转表入账。

24．12 月 31 日，计提并缴纳本年企业所得税。根据企业所得税计算表入账。

25．12 月 31 日，计算企业净利润。

26．12 月 31 日，将本年利润结转到利润分配。

27．12 月 31 日，提取法定盈余公积和任意盈余公积。根据盈余公积计算表入账。

28．12 月 31 日，计算股东股利，并发放股东股利。根据应付股利计提表入账。

29．12 月 31 日，结转利润分配——未分配利润。

项目六 实训单据填制和审核

任务一 11 月份原始凭证填制和审核

凭 11-1-1

3700193322 **山东增值税专用发票** NO. 01548757 3700193322 01548757

此联不作报销、扣税凭证使用

开票日期：2022年11月01日

购买方	名　　称：山东育才家具有限公司 纳税人识别号：91370102169354239R 地 址、电 话：山东省济南市长清区明天路6666号0531-84895086 开户行及账号：中国银行济南市长清区支行370028257131			密码区	（略）		
货物或应税劳务、服务名称	规格型号	单位	数　量	单　价	金　额	税 率	税　额
*林业产品*木方	实木板	张	500.00	2000.00	1000000.00	13%	130000.00
合　　计					¥1 000 000.00		¥130 000.00
价税合计（大写）	壹佰壹拾叁万元整				（小写）¥1130000.00		
销售方	名　　称：山东茂盛木业有限公司 纳税人识别号：91371700231399841R 地 址、电 话：山东省菏泽市曹县茂盛路1号0530-83583215 开户行及账号：中国建设银行菏泽市曹县支行37005842357638912345			备注			

收款人：王鑫　　复核：张宇　　开票人：于林　　销售方：（章）

山东茂盛木业有限公司 91371700231399841R 发票专用章

第三联：发票联　购买方记账凭证

凭 11-1-2

入库单

供应单位：山东茂盛木业有限公司　　收料单编号：963631

材料类别：原材料　　2022 年 11 月 01 日　　收 料 仓 库：材料库

编号	名称	规格	单位	数量		实际成本					备注
				应收	实收	买价		运杂费	其他	合计	
						单价	金额				
1	实木板	张									
合计											

主管：赵 宏　　检验员：郑 一　　保管员：刘艳鹏　　会计：温 暖

②会计记账联

凭 11-1-3

中国银行
转账支票存根（鲁）
10403720
01018031

附加信息

出票日期：2022 年 11 月 01 日

收款人：山东茂盛木业有限公司

金 额：￥1 130 000.00

用 途：采购实木板

单位主管：刘 岚　　会计：温 暖

凭 11-2-1

中国银行 进账单（进账通知）

2022年11月04日

出票人	全 称	济南飞翔商贸有限公司	收款人	全 称	山东育才家具有限公司	
	账 号	62365783452823689765		账 号	370028257131	
	开户银行	建设银行济南市历下区支行		开户银行	中国银行济南市长清区支行	
金额	人民币（大写）陆拾捌万元整				亿 千 百 十 万 千 百 十 元 角 分	￥ 6 8 0 0 0 0 0 0
票据种类		票据张数				
票据号码						
	复核 记账				收款人开户银行盖章	

中国银行济南市长清区支行
2022.11.04
收 讫

凭 11-3-1

借款单

2022 年 11 月 05 日

借款人：王山	所属部门：办公室
借款用途：去上海洽谈工作	
借款金额（人民币大写）：贰仟元整　　小写：¥2 000.00	
部门负责人审批：同意李飞	借款人（签章）：王山
财务部门审核：同意刘岚	
单位负责人审批：同意　　签章：李诚信	
付款方式：√现金　支票　其他　现金付讫	
核销记录：	

凭 11-4-1

3700163312　**山东增值税专用发票**　NO. 01548757　3700163312 01548757

此联不作报销、扣税凭证使用

开票日期：2022年11月08日

购买方	名称：山东育才家具有限公司 纳税人识别号：91370102169354239R 地址、电话：山东省济南市长清区明天路6666号0531-84895086 开户行及账号：中国银行济南市长清区支行370028257131			密码区	（略）		
货物或应税劳务、服务名称	规格型号	单位	数量	单价	金额	税率	税额
三聚氰胺纸		张	1000.00	105.00	105000.00	13%	13650.00
合计					¥105 000.00		¥13 650.00
价税合计（大写）	壹拾壹万捌仟陆佰伍拾元整				（小写）¥118650.00		
销售方	名称：山东润德家具有限公司 纳税人识别号：91370869183782521R 地址、电话：山东省德州市高新区火炬路8号0537-87513212 开户行及账号：中国农业银行德州市高新区支行623658223578983			备注			

收款人：李华　复核：张娜　开票人：曹萍　销售方：（章）

第三联：发票联　购买方记账凭证

凭 11-4-2

中国银行
转账支票存根（鲁）

10403720
01018031

附加信息

出票日期：2022 年 11 月 08 日

收款人：	山东润德家具有限公司
金 额：	¥118 650.00
用 途：	采购三聚氰胺纸

单位主管：刘 岚　　会计：温 暖

凭 11-5-1

工资结算汇总表

单位：山东育才家具有限公司　　2022 年 10 月　　单位：元

部门		基本工资	岗位工资	各种补贴	生产奖金	应付工资	代扣款项	实发工资
生产车间	生产工人	70 000	12 200	5 900	5 380	93 480	9 910	83 570
	管理人员	33 000	4 400	2 200	4 280	43 880	5 410	38 470
	小计	103 000	16 600	8 100	9 660	137 360	15 320	122 040
管理部门		56 000	9 500	5 200	3 200	73 900	9 540	64 360
销售部门		36 000	6 000	3 200	3 220	48 420	5 610	42 810
合　　计		195 000	32 100	16 500	16 080	259 680	30 470	229 210

凭 11-5-2

中国银行
转账支票存根（鲁）

10403720
01018078

附加信息

出票日期：2022 年 11 月 09 日

收款人：	山东育才家具有限公司员工工资账户
金 额：	¥229 210.00
用 途：	支付工资

单位主管：刘 岚　　会计：温 暖

凭 11-6-1

差旅费报销单

2022年11月10日　　附件共 5 张

所属部门				办公室	姓名	王山	出差事由	去上海洽谈工作		
出发		到达		起止地点		交通费	住宿费	伙食费	其他	合计金额
月	日	月	日							
11	07	11	07	济南	上海	590.50				590.50
11	09	11	09	上海	济南	590.50	676.00	260.00	-	1 526.50
合计	大写金额：贰仟壹佰壹拾柒元整 ¥2 117.00					预支旅费	¥2 000.00	退回金额		
								补付金额	117.00	

现金付讫

总经理　　财务经理 刘 岚　　出纳 王 芸　　部门经理 李 飞　　报销人 王 山

凭 11-7-1

入 库 单

供应单位：山东润德家具有限公司　　收料单编号：936341

材料类别：原材料　　2022 年 11 月 10 日　　收 料 仓 库：材料库

编号	名称	规格	单位	数量		实际成本					备注
				应收	实收	买价		运杂费	其他	合计	
						单价	金额				
1	三聚氰胺纸		张	1 000	1 000	105	105 000.00			105 000.00	
合计							105 000.00			105 000.00	

主管：赵 宏　　检验员：郑 一　　保管员：温 暖　　会计：王 芸

凭 11-8-1

领 料 单

领料单位：生产车间　　编号：625137

用　　途：生产实木桌　　2022 年 11 月 11 日　　仓库：材料库

材料编号	材料名称及规格	计量单位	数量		成本		备注
			请领	实领	单位成本	金额	
	实木板	张	400	400			
	三聚氰胺纸	张	700	700			
	油漆	千克	100	100			

领料单位负责人：刘 辉　　领料人：赵 洋　　发料人：刘 静　　制单：孟红伟

凭 11-9-1

库存现金盘点报告表

单位名称：山东育才家具有限公司　　2022 年 11 月 12 日

实存余额	账存余额	对比结果		备注
		盈	亏	

盘点人：刘 岚　　监盘人：李 强　　出纳：王 芸

凭 11-10-1

财产清查调查结果处理意见

时间：			
清查内容：			
实存余额	账存余额	盘盈/盘亏	差异金额
差异原因：			
处理意见：			
部门负责人：刘 岚		单位公章：	
单位负责人：李诚信			

凭 11-11-1

收款收据

No. 404903

今收到 财务部 （部门） 王芸 （人员）

现金收讫

交来 现金

金额（大写）：人民币伍佰元整

金额（小写）：¥500.00

√现金 支票 其他

收款单位（签章） 山东育才家具有限公司 财务专用章

会计：温 暖 记账： 出纳：王 芸 经手人：

第三联：记账联

凭 11-12-1

3700194567 **山东增值税专用发票** NO. 01548757 3700194567 01548757

此联不作报销、扣税凭证使用

开票日期：2022年11月14日

购买方	名　　称：济南华鑫办公用品有限公司 纳税人识别号：91370199183252326R 地 址、电 话：山东省济南市槐荫区经十西路321号0531-85563218 开户行及账号：中国工商银行济南市槐荫区支行1602807853335221234			密码区	（略）		
货物或应税劳务、服务名称	规格型号	单位	数　量	单　价	金　额	税　率	税　额
实木椅	实木椅	件	200.00	500.00	100000.00	13%	13000.00
合　　计					¥100 000.00		¥13 000.00
价税合计（大写）	壹拾壹万叁仟元整				（小写）¥113000.00		
销售方	名　　称：山东育才家具有限公司 纳税人识别号：91370102169354239R 地 址、电 话：山东省济南市长清区明天路6666号0531-84895086 开户行及账号：中国银行济南市长清区支行370028257131			备注	山东育才家具有限公司 91370102169354239R 发票专用章		

收款人：王芸　　复核：刘岚　　开票人：温暖　　销售方：（章）

第一联：记账联 销货方记账凭证

凭 11-12-2

商品出库单

购货单位：济南华鑫办公用品有限公司　　2022 年 11 月 14 日　　编号：276818

商品名称及规格	单位	数量
实木椅	件	200.00
合　　计	-	200.00

会计主管：刘岚　　保管员：严谨　　记账：　　制单：温暖

凭 11-12-3

中国银行 进账单（进账通知）

2022年11月14日

出票人	全　称	济南华鑫办公用品有限公司	收款人	全　称	山东育才家具有限公司
	账　号	1602807853335221234		账　号	370028257131
	开户银行	中国工商银行济南市槐荫区支行		开户银行	中国银行济南市长清区支行

金额	亿	千	百	十	万	千	百	十	元	角	分
人民币（大写）壹拾壹万叁仟元整			¥	1	1	3	0	0	0	0	0

票据种类		票据张数	
票据号码			

中国银行济南市长清区支行 2022.11.14 收讫

复核　　记账　　收款人开户银行盖章

凭 11-13-1

山东增值税专用发票

3700163312　　NO. 01548757　　3700163312 01548757

此联不作报销、扣税凭证使用

开票日期：2022年11月16日

购买方	名　　称：山东育才家具有限公司 纳税人识别号：91370102169354239R 地 址、电 话：山东省济南市长清区明天路6666号0531-84895086 开户行及账号：中国银行济南市长清区支行370028257131	密码区　（略）

货物或应税劳务、服务名称	规格型号	单位	数　量	单　价	金　额	税　率	税　额
打印纸		箱	10.00	180.00	1800.00	13%	234.00
合　计					¥1 800.00		¥234.00
价税合计（大写）	贰仟零叁拾肆元整				（小写）¥2034.00		

销售方	名　　称：济南华宇商贸有限公司 纳税人识别号：91370800183783521R 地 址、电 话：山东省济南市长清区大学路8号0531-66896689 开户行及账号：华夏银行济南市长清区支行623658223111222	备注

济南华宇商贸有限公司 91370800183783521R 发票专用章

收款人：李华　复核：张娜　开票人：曹萍　销售方：（章）

第三联：发票联　购买方记账凭证

凭 11-14-1

领料单

领料单位：生产车间　　　　编号：625137

用　　途：生产实木椅　　2022 年 11 月 20 日　　仓库：材料库

材料编号	材料名称及规格	计量单位	数量		成本		备注
			请领	实领	单位成本	金额	
1	实木板	张	200	200			
2	油漆	千克	50	50			
合 计	−	−					

领料单位负责人：刘 辉　　领料人：赵 洋　　发料人：刘 静　　制单：孟红伟

凭 11-15-1

3700194569　　**山东增值税专用发票**　　NO. 01548757　3700194569 01548757

此联不作报销、扣税凭证使用

开票日期：2022年11月29日

购买方	名　　称：潍坊赫曼家具有限公司 纳税人识别号：91370167883098326R 地 址、电 话：山东省潍坊市高新区顺发路123号0536-85563200 开户行及账号：中国工商银行潍坊市高新区支行1602807853335987654	密码区	（略）

货物或应税劳务、服务名称	规格型号	单位	数 量	单 价	金 额	税 率	税 额
油漆		千克	300.00	110.00	33000.00	13%	4290.00
合　　计					¥33 000.00		¥4 290.00
价税合计（大写）	叁万柒仟贰佰玖拾元整				（小写）¥37290.00		

销售方	名　　称：山东育才家具有限公司 纳税人识别号：91370102169354239R 地 址、电 话：山东省济南市长清区明天路6666号0531-84895086 开户行及账号：中国银行济南市长清区支行370028257131	备注	

收款人：王芸　　复核：刘岚　　开票人：温暖　　销售方：（章）

第一联：记账联　销货方记账凭证

（印章：山东育才家具有限公司 91370102169354239R 发票专用章）

凭 11-15-2

材料出库单

购货单位：潍坊赫曼家具有限公司　　2022 年 11 月 29 日　　编号：276906

编号	名称及规格	单位	数量	单位成本	总成本	备注
1	油漆	千克	300			多余原材料
合　计						

会计主管：刘 岚　　仓库主管：赵 宏　　保管：杨 欢　　制单：孟宏伟

凭 11-15-3

中国银行　　进账单（进账通知）

2022年11月29日

出票人	全　称	潍坊赫曼家具有限公司	收款人	全　称	山东育才家具有限公司
	账　号	1602807853335987654		账　号	370028257131
	开户银行	中国工商银行潍坊市高新区支行		开户银行	中国银行济南市长清区支行

金额	人民币（大写）叁万柒仟贰佰玖拾伍元整	亿	千	百	十	万	千	百	十	元	角	分
					¥	3	7	2	9	0	0	0

票据种类	转账支票	票据张数	1张
票据号码			

中国银行济南市长清区支行
2022.11.29
收讫

复核　　记账　　收款人开户银行盖章

凭 11-16-1

3700194574 **山东增值税专用发票** NO. 01548757 3700194574 01548757

此联不作报销、扣税凭证使用

开票日期：2022年11月30日

购买方	名　　称：济南飞翔商贸有限公司 纳税人识别号：91370199943211188R 地 址、电 话：山东省济南市历下区解放路202号0531-86543211 开户行及账号：中国建设银行济南市历下区支行62365783452823689765	密码区	（略）

货物或应税劳务、服务名称	规格型号	单位	数　量	单　价	金　额	税 率	税　额
实木桌		件	1200.00	3800.00	4560000.00	13%	592800.00
合　计					¥4 560 000.00		¥592 800.00
价税合计（大写）	伍佰壹拾伍万贰仟捌佰元整				（小写）	¥5 152 800.00	

销售方	名　　称：山东育才家具有限公司 纳税人识别号：91370102169354239R 地 址、电 话：山东省济南市长清区明天路6666号0531-84895086 开户行及账号：中国银行济南市长清区支行370028257131	备注	

山东育才家具有限公司 91370102169354239R 发票专用章

收款人：王芸　　复核：刘岚　　开票人：温暖　　销售方：（章）

第一联：记账联　销货方记账凭证

凭 11-16-2

商品出库单

购货单位：济南飞翔商贸有限公司　　2022 年 11 月 30 日　　编号：276812

商品名称及规格	单位	数量
实木桌	件	1 200.00
合　　计	-	

会计主管：刘 岚　　保管员：严 谨　　记账：　　制单：温 暖

凭 11-17-1

长期借款利息计算表

2022 年 11 月 30 日

计息期间	贷款金额	贷款期限	借款利率	本月已计提借款利息
11.1～11.30	1 000 000.00	5 年	4.75%	

财务经理：刘 岚　　制单：温 暖

凭 11-18-1

工资费用分配汇总表

2022 年 11 月 30 日

车间及部门		应付职工薪酬——工资			合计（元）
		生产工时	分配率	分配额	
一车间	实木桌工人	12 000.00			
	实木椅工人	8 000.00			
	小计	20 000.00			
	车间管理人员				
管理部门					
销售部门					
合计					

会计主管：刘 岚　　复核：张 山　　制单：洪 丽

凭 11-19-1

固定资产折旧计算表

2022 年 11 月 30 日

使用部门	固定资产项目	上月折旧额	上月增加固定资产		上月减少固定资产		本月折旧额	分配费用
			原价	折旧额	原价	折旧额		
生产车间	厂房	50 000					50 000	
	机器设备	34 000					34 000	
	其他设备	6 000					6 000	
	小计	90 000					90 000	
管理部门	房屋建筑物	40 000					40 000	
	运输工具	20 000					20 000	
	小计	60 000					60 000	
合计		150 000					150 000	

会计主管：刘 岚　　制表：张 森

凭 11-20-1

制造费用分配表

2022 年 11 月 30 日

产品名称	生产工时（小时）	分配率	分配金额
实木桌	12 000		
实木椅	8 000		
合计	20 000		

会计主管：刘 岚　　　　制表：张 森

凭 11-21-1

完工产品成本计算表

产品名称：实木桌　　2022年11月30日

项目	直接材料	直接人工	制造费用	合计
月初在产品成本				
本月发生费用				
合计				
完工数量				
单位成本（保留小数点后 4 位）	–	–	–	

验收：文 君　　　　制表：张 森

凭 11-21-2

完工产品成本计算表

产品名称：实木椅　　2022 年 11 月 30 日

项目	直接材料	直接人工	制造费用	合计
本月发生费用				
完工数量				
单位成本（保留小数点后 4 位）	–	–	–	

验收：文 君　　　　制表：张 森

凭 11-21-3

产成品入库单

入库部门：产成品库　　　　2022 年 11 月 30 日

类别	编号	名称及规格	计量单位	实收数量	单位成本	总成本	附注：
	1	实木桌	件	1 000			
	2	实木椅	件	1 600			
合 计							

制表：张 森　　　　保管：严 谨　　　　检验：文 君

注：一式三联，一联产成品库存单，一联交基本生产车间，一联交财务部。

凭 11-22-1

主营业务成本计算单

2022 年 11 月 30 日

产品名称	期初结存			本期完工入库			本期销售		
	数量	单位成本	总成本	数量	单位成本	总成本	数量	单位成本	总成本
实木桌									
实木椅									

凭 11-22-2

其他业务成本计算单

2022 年 11 月 30 日

编号	名称及规格	单位	数量	单位成本	总成本	备注
	油漆	千克	300			多余原材料
合 计						

凭 11-23-1

损益类账户结转表

2022 年 11 月 30 日

科目名称	借方发生额	贷方发生额
合计		

任务二　12 月份原始凭证填制和审核

凭 12-1-1

中国银行　借款借据　第一联　借款回单

借款日期：　年　月　日

借款单位		放款账号	370011225678	利率	4.35%
		存款账号	370028257131		

借款金额（大写）	亿	千	百	十	万	千	百	十	元	角	分

约定还款日期	2023年5月31日	借款种类		借款合同号码	25474398
实际放款日期	2022年12月01日				

借款直接用途		还款记录	日期	还款金额	余额
	1、流动资金贷款		中国银行济南市长清区支行 2022.12.01 转讫		
	2、				
	3、				

根据签订的借款合同和你单位申请借款用途，经审查同意发放上列金额贷款。 中国银行　　批准人：	（银行转账盖章） 2022年12月1日

凭 12-2-1

中国工商银行
现金支票存根
10200020
53220203

附加信息

出票日期　年　月　日
收款人：
金额：
用途：
单位主管　　会计

XX证券印制有限公司 • 2020年印制

中国银行　现金支票　　10200020
53220203

付款期限自出票之日起十天

出票日期（大写）　　付款行全称：
收款人：　　出票人账号：

人民币（大写）	亿	千	百	十	万	千	百	十	元	角	分

用途　　密码 1516262750320986
上列款项请从　　行号
我账户内支付
出票人签章　　复核　　记账

财务专用章

信 李
印 诚

凭 12-3-1

3700193322　**山东增值税专用发票**　NO. 01548757　3700193322
01548757

此联不作报销、扣税凭证使用

开票日期：　年　月　日

购买方	名　　称： 纳税人识别号： 地 址、电 话： 开户行及账号：			密码区	（略）		
货物或应税劳务、服务名称	规格型号	单位	数　量	单　价	金　额	税 率	税　额
合　　计							
价税合计（大写）				（小写）			
销售方	名　　称： 纳税人识别号： 地 址、电 话： 开户行及账号：			备注			

收款人：　　复核：　　开票人：　　销售方：（章）

第三联：发票联　购买方记账凭证

山东茂盛木业有限公司
913717700231399841R
发票专用章

凭 12-4-1

入库单

供应单位： 收料单编号：

材料类别： 年 月 日 收料仓库：

编号	名称	规格	单位	数量		实际成本					备注
				应收	实收	买价		运杂费	其他	合计	
						单价	金额				
合计											

主管： 检验员： 保管员： 会计：

凭 12-5-1

中国银行
转账支票存根
10200020
53220177

附加信息

出票日期： 年 月 日
收款人：
金额：
用途：

单位主管 **会计**

潍坊证券印制有限公司·2020年印制

中国银行 转账支票 10200020
53220177

付款期限自出票之日起十天

出票日期（大写）： **付款行全称：**

收款人： **出票人账号：**

人民币（大写）	亿	千	百	十	万	千	百	十	元	角	分

用途 **密码** 2101110280422878

行号

上列款项请从
我账户内支付

出票人签章 **复核** **记账**

木家具有限公司 财务专用章

信印 李诚

凭 12-6-1

中国银行 进账单（进账通知）

年 月 日

出票人	全 称		收款人	全 称	
	账 号			账 号	
	开户银行			开户银行	

金额	人民币（大写）	亿	千	百	十	万	千	百	十	元	角	分

票据种类		票据张数	
票据号码			

中国银行济南市
长清区支行
2022.12.06
收讫

复核 记账 收款人开户银行盖章

凭 12-7-1

3700193322　　**山东增值税专用发票**　　NO. 01548758　3700193322 01548758

此联不作报销、扣税凭证使用

开票日期：　年　月　日

购买方	名　　称： 纳税人识别号： 地 址、电 话： 开户行及账号：	密码区	（略）

货物或应税劳务、服务名称	规格型号	单位	数　量	单　价	金　额	税 率	税　额
合　　计							
价税合计（大写）				（小写）			

销售方	名　　称： 纳税人识别号： 地 址、电 话： 开户行及账号：	备注	

收款人：　　　复核：　　　开票人：　　　销售方：（章）

第三联：发票联　购买方记账凭证

山东润德家具有限公司 913708691837825 21R 发票专用章

凭 12-7-2

中国银行 转账支票存根 10200020 53220177	**中国银行　转账支票**　10200020 53220177

中国银行

转账支票存根

10200020

53220177

附加信息

出票日期：　年　月　日

收款人：

金额：

用途：

单位主管　　　会计

潍坊证券印制有限公司·2020年印制

中国银行　转账支票　　10200020

53220177

付款期限自出票之日起十天

出票日期（大写）：　　　付款行全称：

收款人：　　　出票人账号：

人民币（大写）	亿	千	百	十	万	千	百	十	元	角	分

用途　　　密码 2101110280422878

行号

上列款项请从

我账户内支付

出票人签章　　　复核　　　记账

财务专用章

信李印诚

凭 12-7-3

供应单位：　　　　　　　　**入库单**　　　　　　　　收料单编号：

材料类别：　　　　　　　　年　月　日　　　　　　　　收料仓库：

编号	名称	规格	单位	数量		实际成本					备注
				应收	实收	买价		运杂费	其他	合计	
						单价	金额				
合计											

主管：　　　　检验员：　　　　保管员：　　　　会计：

凭 12-8-1

领料单位：　　　　　　　　**领料单**　　　　　　　　编号：

用　　途：　　　　　　　　年　月　日　　　　　　　　仓库：

材料编号	材料名称及规格	计量单位	数量		成本		备注
			请领	实领	单位成本	金额	

领料单位负责人：　　　　领料人：　　　　发料人：　　　　制单：

凭 12-9-1

领料单位：　　　　　　　　**领料单**　　　　　　　　编号：

用　　途：　　　　　　　　年　月　日　　　　　　　　仓库：

材料编号	材料名称及规格	计量单位	数量		成本		备注
			请领	实领	单位成本	金额	

领料单位负责人：　　　　领料人：　　　　发料人：　　　　制单：

凭 12-9-2

领料单

领料单位：　　　　　　　　　　　　　　　　　　　　　　编号：

用　　途：　　　　　　　　年　　月　　日　　　　　　　仓库：

材料编号	材料名称及规格	计量单位	数量		成本		备注
			请领	实领	单位成本	金额	

领料单位负责人：　　　　　领料人：　　　　　发料人：　　　　　制单：

凭 12-9-3

领料单

领料单位：　　　　　　　　　　　　　　　　　　　　　　编号：

用　　途：　　　　　　　　年　　月　　日　　　　　　　仓库：

材料编号	材料名称及规格	计量单位	数量		成本		备注
			请领	实领	单位成本	金额	

领料单位负责人：　　　　　领料人：　　　　　发料人：　　　　　制单：

凭 12-10-1

3700193322　　**山东增值税专用发票**　　NO. 01548759　　3700193322 01548759

此联不作报销、扣税凭证使用

开票日期：　年　月　日

购买方	名　　称： 纳税人识别号： 地 址、电 话： 开户行及账号：	密码区	（略）

货物或应税劳务、服务名称	规格型号	单位	数　量	单　价	金　额	税　率	税　额
合　　计							
价税合计（大写）					（小写）		

销售方	名　　称： 纳税人识别号： 地 址、电 话： 开户行及账号：	备注	

山东育才家具有限公司 91370102169354239R 发票专用章

收款人：　　　　复核：　　　　开票人：　　　　销售方：（章）

第三联：发票联　购买方记账凭证

凭 12-11-1

中国银行 进账单（进账通知）

年 月 日

出票人	全称		收款人	全称	
	账号			账号	
	开户银行			开户银行	
金额	人民币（大写）				亿 千 百 十 万 千 百 十 元 角 分
票据种类		票据张数			
票据号码					
	复核 记账				中国银行济南市长清区支行 2022.12.18 收讫 收款人开户银行盖章

凭 12-12-1

3700193322 **山东增值税专用发票** NO. 01548760 3700193322 01548760

此联不作报销、扣税凭证使用

开票日期： 年 月 日

购买方	名称： 纳税人识别号： 地址、电话： 开户行及账号：			密码区	（略）		
货物或应税劳务、服务名称	规格型号	单位	数量	单价	金额	税率	税额
合计							
价税合计（大写）					（小写）		
销售方	名称： 纳税人识别号： 地址、电话： 开户行及账号：			备注	山东育才家具有限公司 91370102169354239R 发票专用章		

收款人： 复核： 开票人： 销售方：（章）

第三联：发票联 购买方记账凭证

凭 12-12-2

中国银行 进账单（进账通知）

年 月 日

出票人	全　称		收款人	全　称	
	账　号			账　号	
	开户银行			开户银行	

金额	人民币（大写）	亿	千	百	十	万	千	百	十	元	角	分

票据种类		票据张数	中国银行济南市长清区支行 2022.12.20 收讫
票据号码			
复核　　记账			收款人开户银行盖章

凭 12-13-1

3700193322　**山东增值税专用发票**　NO. 01548761　3700193322 01548761

此联不作报销、扣税凭证使用

开票日期：　年　月　日

购买方	名　　称： 纳税人识别号： 地 址、电 话： 开户行及账号：				密码区	（略）	
货物或应税劳务、服务名称	规格型号	单位	数　量	单　价	金　额	税 率	税　额
合　计							
价税合计（大写）				（小写）			
销售方	名　　称： 纳税人识别号： 地 址、电 话： 开户行及账号：				备注		

收款人：　　复核：　　开票人：　　销售方：（章）

山东育才家具有限公司 91370102169354239R 发票专用章

第三联：发票联 购买方记账凭证

凭 12-13-2

中国银行 进账单（进账通知）

年 月 日

出票人	全　称		收款人	全　称	
	账　号			账　号	
	开户银行			开户银行	
金额	人民币（大写）				亿 千 百 十 万 千 百 十 元 角 分
票据种类		票据张数			
票据号码					

中国银行济南市
长清区支行
2022.12.22
收讫

复核　　记账　　收款人开户银行盖章

凭 12-14-1

中国银行
转账支票存根
10200020
53220177

潍坊证券印制有限公司 · 2020年印制

附加信息

出票日期：　年　月　日
收款人：
金额：
用途：
单位主管　　会计

中国银行　转账支票　10200020
53220177

付款期限自出票之日起十天

出票日期（大写）：　　付款行全称：
收款人：　　出票人账号：

	亿	千	百	十	万	千	百	十	元	角	分
人民币（大写）											

用途　　密码 2101110280422878
行号

上列款项请从
我账户内支付

出票人签章

山东睿木家具有限公司
财务专用章

李诚
信印

复核　　记账

凭 12-15-1

贷款利息计算表

2022 年 12 月 31 日

贷款日期	贷款种类	贷款金额	贷款期限	借款利率	本月已计提借款利息
2022年12月01日	流动资金贷款	1 000 000.00	6 个月	4.35%	

财务经理：刘岚　　制单：温暖

凭 12-15-2

长期借款利息计算表

2022 年 12 月 31 日

计息期间	贷款金额	贷款期限	借款利率	本月已计提借款利息
12.1~12.31	1 200 000.00	5 年	4.75%	

财务经理：刘岚　　　　制单：温暖

凭 12-16-1

工资费用分配汇总表

2022 年 12 月 31 日

车间及部门 / 生产工时		应付职工薪酬——工资			合计（元）
		分配率	分配额		
一车间	实木桌工人				100 000.00
	实木椅工人				50 000.00
	小计				150 000.00
	车间管理人员				60 000.00
管理部门					50 000.00
销售部门					50 000.00
合计					310 000.00

会计主管：刘岚　　　　复核：张山　　　　制单：洪丽

凭 12-17-1

主营业务成本计算单

年　月　日

产品名称	期初结存			本期完工入库			本期销售		
	数量	单位成本	总成本	数量	单位成本	总成本	数量	单位成本	总成本
实木桌									
实木椅									

凭 12-18-1

其他业务成本计算单

年 月 日

编号	名称及规格	单位	数量	单位成本	总成本	备注
合 计						

凭 12-19-1

税费计算表

年 月 日 金额：元

计算基数	税率	应交税费

财务经理： 制单：

凭 12-20-1

固定资产折旧计算表

2022 年 12 月 31 日

使用部门	固定资产项目	上月折旧额	上月增加固定资产		上月减少固定资产		本月折旧额	分配费用
			原价	折旧额	原价	折旧额		
生产车间	厂房	50 000					50 000	
	机器设备	34 000					34 000	
	其他设备	6 000					6 000	
	小计	90 000					90 000	
管理部门	房屋建筑物	40 000					40 000	
	运输工具	20 000					20 000	
	小计	60 000					60 000	
合计		150 000					150 000	

凭 12-21-1

制造费用分配表

2022 年 12 月 31 日

产品名称	生产工时（小时）	分配率	分配金额
实木桌	15 000		
实木椅	5 000		
合计	20 000		

会计主管：刘岚　　制表：张森

凭 12-22-1

完工产品成本计算表

产品名称：实木桌　　2022 年 12 月 31 日

项目	直接材料	直接人工	制造费用	合计
本月发生费用				
完工数量				
单位成本（保留小数点后 4 位）	–	–	–	

验收：文君　　制表：张森

凭 12-22-2

完工产品成本计算表

产品名称：实木椅　　2022 年 12 月 31 日

项目	直接材料	直接人工	制造费用	合计
本月发生费用				
完工数量				
单位成本（保留小数点后 4 位）	–	–	–	

验收：文君　　制表：张森

凭 12-22-3

产成品入库单

入库部门：产成品库　　　　2022 年 12 月 31 日

类别	编号	名称及规格	计量单位	实收数量	单位成本	总成本	附注：
	1	实木桌	件				
	2	实木椅	件				
合 计							

制表：张森　　保管：严 谨　　检验：文君

注：一式三联，一联产成品库存单，一联交基本生产车间，一联交财务部。

凭 12-23-1

损益类账户结转表

2022 年 12 月 31 日

科目名称	借方发生额	贷方发生额
合计		

凭 12-24-1

企业所得税计算表

年 月 日 金额：元

全年利润总额	税率	应交企业所得税
	25%	

财务经理： 制单：

凭 12-25-1

盈余公积计算表

年 月 日 金额：元

全年税后利润	法定盈余公积（10%）	任意盈余公积（5%）	合计

财务经理： 制单：

凭 12-26-1

应付股利计提表

2021 年 12 月 31 日 金额：元

全年税后净利润	应付股利（10%）

财务经理： 制单：

项目七 编制资产负债表、利润表

任务一 编制资产负债表

资产负债表

编制单位： 年 月 日 单位：元

资产	期末余额	年初余额	负债和所有者权益（或股东权益）	期末余额	年初余额
流动资产：			流动负债：		
货币资金			短期借款		
交易性金融资产			交易性金融负债		
应收票据			应付票据		
应收账款			应付账款		
预付款项			预收款项		
其他应收款			合同负债		
存货			应付职工薪酬		
合同资产			应交税费		
一年内到期的非流动资产			其他应付款		
其他流动资产			一年内到期的非流动负债		
流动资产合计			其他流动负债		
非流动资产：			流动负债合计		
债权投资			非流动负债：		
其他债权投资			长期借款		
长期股权投资			应付债券		
投资性房地产			长期应付款		
固定资产			预计负债		
在建工程			递延收益		
无形资产			递延所得税负债		
开发支出			其他非流动负债		
商誉			非流动负债合计		

续表

长期待摊费用			负债合计		
递延所得税资产			所有者权益（或股东权益）：		
其他非流动资产			实收资本（或股本）		
非流动资产合计			资本公积		
			减：库存股		
			其他综合收益		
			盈余公积		
			未分配利润		
			所有者权益（或股东权益）合计		
资产总计			**负债和所有者权益（或股东权益）总计**		

单位负责人：　　　　　　财务负责人：　　　　　　会计主管：

任务二　编制利润表

利润表

编制单位：　　　　　　年　　月　　　　　　单位：元

项目	本期金额	本年累计金额
一、营业收入		
减：营业成本		
税金及附加		
销售费用		
管理费用		
研发费用		
财务费用		
加：其他收益		
投资收益（损失以“－”号填列）		
公允价值变动收益（损失以“－”号填列）		
信用减值损失（损失以“－”号填列）		
资产减值损失（损失以“－”号填列）		
资产处置收益（损失以“－”号填列）		
二、营业利润（亏损以“－”号填列）		
加：营业外收入		

续表

减：营业外支出		
三、利润总额（亏损总额以“－”号填列）		
减：所得税费用		
四、净利润（净亏损以“－”号填列）		
五、其他综合收益的税后净额		
（一）不能重分类进损益的其他综合收益		
1.重新计量设定受益计划变动额		
2.权益法下不能转损益的其他综合收益		
……		
（二）将重分类进损益的其他综合收益		
1.权益法下可转损益的其他综合收益		
2.其他债权投资公允价值变动		
3.金融资产重分类计入其他综合收益的金额		
……		
六、综合收益总额		
七、每股收益		
（一）基本每股收益		
（二）稀释每股收益		

单位负责人： 财务负责人： 会计主管：

项目八　云会计信息化实训

任务一　云会计信息化实训要求

根据资料建立云会计电子账，具体要求如下：

1．根据资料建立账套。

2．根据资料进行账套初始化设置、能够独立完成修改、新增会计科目、期初余额设置和辅助核算设置。

3．按要求规定的操作处理日常业务，填制相关记账凭证。

4．按要求进行期末结转操作。

5．按要求完成期末结账工作。

6．操作系统生成企业资产负债表，会修改公式。

7．操作系统生成企业利润表，会修改公式。

8．操作系统查询企业日记账、明细账、总账和科目余额表等账簿。

任务二 企业建账资料

一、企业基本情况

单位名称：山东育才家具有限公司

公司注册地址及电话：山东省济南市长清区明天路 6666 号，0531-84895086

基本存款账户：中国银行济南市长清区支行，账号：370028257131

统一社会信用代码：91370102169354239R

企业法定代表人：李诚信

二、核算类型

记账本位币：人民币（RMB）

会计准则：企业会计准则

增值税种类：一般纳税人

三、基础信息

该企业无外币核算，无分类。

四、立即启用总账

账套启用年月：2022 年 11 月

五、其他信息

凭证审核：不审核；固定资产模块：不启用；资金模块：不启用；进销存：不启用。

任务三 期初建账

一、新建账套

具体操作过程

首先学生以本人信息注册云平台账号，登录后填写单位名称、账套启用年月、统一社会信用代码、勾选会计准则等相关内容后，选择对应的增值税种类及需要启用模块，点击“创建账套”按钮。“账套管理”操作如图 8-1 所示。

图 8-1　账套管理

二、基础设置

1. 辅助核算设置

（1）客户档案设置

客户档案设置资料见表 8-1。

表 8-1　客户档案设置

序号	企业名称	纳税人识别号	地 址、电 话	开户行及账号
1	济南飞翔商贸有限公司	91370199943211188R	山东省济南市历下区解放路 202 号；0531–86543211	中国建设银行济南市历下区支行 62365783452823689765
2	济南华鑫办公用品有限公司	91370199183252326R	山东省济南市槐荫区经十西路 321 号；0531–85563218	中国工商银行济南市槐荫区支行 1602807853335221234

具体操作过程

进入主界面后，点击“设置”按钮，单击“辅助核算”，打开“辅助核算设置”界面。选择“辅助核算设置－客户”，单击“新增”按钮，打开“辅助核算设置－客户”对话框，根据资料录入相关信息，单击“保存”。“辅助核算设置－客户”操作如图 8-2 所示。

图 8-2 辅助核算设置 - 客户

（2）供应商设置

供应商设置资料见表 8–2。

表 8-2 供应商设置

序号	企业名称	纳税人识别号	地 址、电 话	开户行及账号
1	山东茂盛木业有限公司	91371700231399841R	山东省菏泽市曹县茂盛路 1 号；0530-83583215	中国建设银行菏泽市曹县支行 37005842357638912345
2	山东润德家具有限公司	91370869183782521R	山东省德州市高新区火炬路 8 号；0537-87513212	中国农业银行德州市高新区支行 623658223578983

具体操作过程

进入主界面后，点击“设置”按钮，单击“辅助核算”，打开“辅助核算设置”界面。选择“辅助核算设置 – 供应商”，单击“新增”按钮，打开“辅助核算设置 – 供应商”，根据资料录入相关信息后，单击“保存”。“辅助核算设置 – 供应商”操作如图 8–3 所示。

图 8-3　辅助核算设置 - 供应商

（3）职员档案设置

职员档案设置资料见表 8-3。

表 8-3　职员档案设置

编码	职员名称	性别	职位	所属部门
1	刘岚	男	会计主管	财务部
2	张森	男	成本会计	财务部
3	温暖	女	总账会计	财务部
4	王芸	女	出纳	财务部
5	石磊	男	销售人员	销售部
6	王山	男	职员	办公室

具体操作过程

进入主界面后，点击“设置”按钮，单击“辅助核算”，打开“辅助核算设置”对话框。选择“辅助核算设置 – 职员”，单击“新增”按钮，打开“辅助核算设置 – 职员”对话框，根据资料录入相关信息后，单击“保存”。“辅助核算设置 – 职员”操作如图 8–4 所示。

图 8-4 辅助核算设置 - 职员

（4）部门设置

部门设置资料见表 8–4。

表 8-4 部门设置

编码	部门名称
1	办公室
2	人力资源部
3	技术质检部
4	财务部
5	采购部
6	销售部
7	生产车间

具体操作过程

进入主界面后，点击“设置”按钮，单击“辅助核算”，打开“辅助核算设置”对话框。选择“辅助核算设置 – 部门”，单击“新增”按钮，打开“辅助核算设置 – 部门”对话框，根据资料录入相关信息后，单击“保存”。“辅助核算设置 – 部门”操作如图 8–5 所示。

图 8-5　辅助核算设置 - 部门

2．科目设置

（1）新增科目

山东育才家具有限公司启用账套后需要新增会计科目，需增加科目的情况见表 8–5。

表 8-5　需新增科目

上级科目	新增科目	核算类型
其他应收款	石磊	
原材料	实木板	数量核算（张）
	三聚氰胺纸	数量核算（张）
	油漆	数量核算（千克）
库存商品	实木桌	数量核算（件）
	实木椅	数量核算（件）
应付职工薪酬	工资	无
生产成本	实木桌	

具体操作过程

首先，对会计科目编码进行设置。进入主界面后，点击“设置”按钮，单击“科目”，打开“科目管理”界面，点击“科目编码设置”将编码设置为“4–2–2–2”，如图 8–6 所示。

图 8-6　科目编码设置

在“科目管理”界面，单击“新增”按钮，根据任务要求增加会计科目，如图 8–7 所示。

图 8-7　新增科目

（2）修改科目

需要修改科目的情况见表 8–6。

表 8-6　需修改科目

科目编码	科目名称	修改内容
1122	应收账款	辅助核算（客户）
2202	应付账款	辅助核算（供应商）

具体操作过程

进入主界面后，点击“设置”按钮，单击“科目”，进入“科目管理”界面，选择“应收账款”科目，单击“编辑”，根据资料修改会计科目，如图 8–8 所示。

图 8-8　修改科目

3．期初设置

期初余额情况见表 8–7。

表 8-7 期初余额表

一级科目	明细科目		借方	贷方
库存现金			6 000.00	
银行存款			9 206 659.00	
其他货币资金			140 400.00	
应收票据			185 200.00	
应收账款	济南飞翔商贸有限公司		680 000.00	
	济南华鑫办公用品有限公司		308 000.00	
坏账准备				2 964.00
预付账款			120 000.00	
其他应收款	石磊		6 000.00	
原材料	实木板	210.00 张	378 000.00	
	三聚氰胺纸	580.00 张	69 600.00	
	油漆	512.00 千克	51 200.00	
库存商品	实木桌	420.00 件	420 000.00	
	实木椅	603.00 件	120 600.00	
生产成本	实木桌		76 320.00	
长期股权投资			2 540 000.00	
固定资产			6 456 000.00	
累计折旧				1 758 000.00
在建工程			636 000.00	
无形资产			1 234 831.00	
应付账款	山东茂盛木业有限公司			204 100.00
	山东润德家具有限公司			118 300.00
应付职工薪酬	工资			229 210.00

续表

一级科目	明细科目	借方	贷方
应交税费	应交增值税（进项税额）	13 560.00	
	应交增值税（销项税额）		129 196.00
其他应付款			11 564.00
应付利息			4 750.00
长期借款			1 200 000.00
实收资本			4 000 000.00
盈余公积	法定盈余公积		986 200.00
	任意盈余公积		720 000.00
本年利润			12 500 086.00
利润分配	未分配利润		784 000.00
合计		22 634 810.00	22 634 810.00

具体操作过程

进入主界面后，点击“设置”按钮，单击“期初”，打开“期初设置”对话框。将期初余额录入到对应的单元格。期初设置如图 8-9 所示。

科目编码	科目名称	方向	期初余额		借方累计		贷方累计		年初余额	
			数量	金额	数量	金额	数量	金额	数量	金额
1001	库存现金	借		6,000.00						6,000.00
1002	银行存款	借		1,206,659.00						1,206,659.00
1012	其他货币资金	借		140,400.00						140,400.00
1101	交易性金融资产	借								
1121	应收票据	借		185,200.00						185,200.00
1122	应收账款 +	借		988,000.00						988,000.00
1122_1	应收账款_济南飞翔商贸有限公司 x	借		680,000.00						680,000.00
1122_2	应收账款_济南华鑫办公用品有限公司 x	借		308,000.00						308,000.00

图 8-9 期初设置

期初余额录入完毕，单击“试算平衡”按钮，对期初设置的金额进行试算平衡检验，期初余额借方发生额合计等于期初余额贷方发生额合计。如图 8–10 所示。

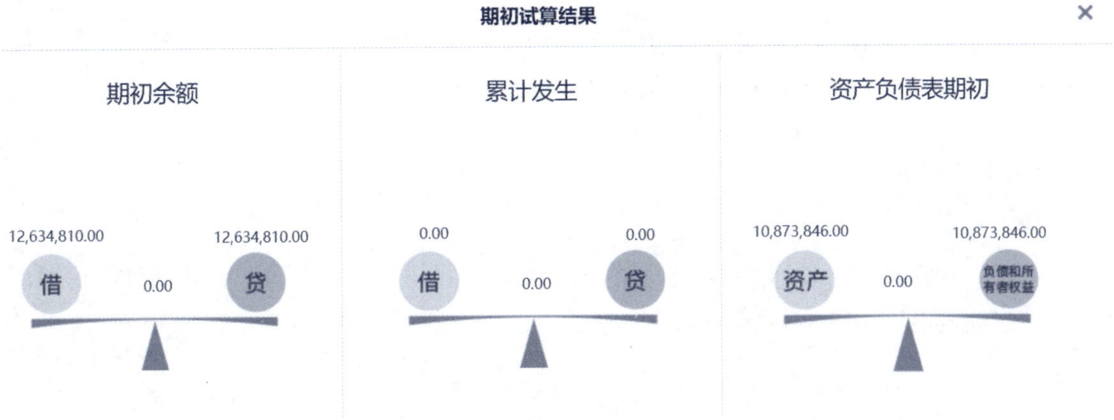

图 8-10　试算平衡

4．币别设置

具体操作过程

进入主界面后，点击“设置”按钮，单击“币别”，打开“币别设置”对话框。币别设置如图 8–11 所示。

编码	名称	汇率	是否本位币	操作
RMB	人民币	1.00000	是	

图 8-11　币别设置

5．凭证字设置

具体操作过程

进入主界面后，点击“设置”按钮，单击“凭证字”，打开“凭证字设置”对话框。凭证字设置如图 8–12 所示。

凭证字设置

新增

凭证字	打印标题	是否默认	操作
记	记账凭证	是	编辑　删除
收	收款凭证	否	编辑　删除
付	付款凭证	否	编辑　删除
转	转账凭证	否	编辑　删除

图 8-12　凭证字设置

任务四 日常业务处理

1. 11 月 1 日，向山东茂盛木业有限公司采购实木板 500 张，单价 2 000 元，材料已验收入库。根据增值税专用发票、收料单和转账支票存根入账。

具体操作过程

（1）登录柠檬云记账平台。

（2）在操作平台上依次选择“凭证”—“新增凭证”命令，打开“记账凭证”窗口。空白记账凭证如图 8–13 所示。

图 8-13 记账凭证

（3）制单日期根据经济业务发生的日期单击“”按钮进行选择修改，作为记账凭证的填制日期。

（4）附单据数为原始凭证数量，据实填写。单击“附件”，弹出“添加附件”的窗口，可以“上传新文件”或者“从会计电子档案中选择”，通过拍照和扫描的形式将附件添加至记账凭证的附件中。添加附件如图 8–14 所示。

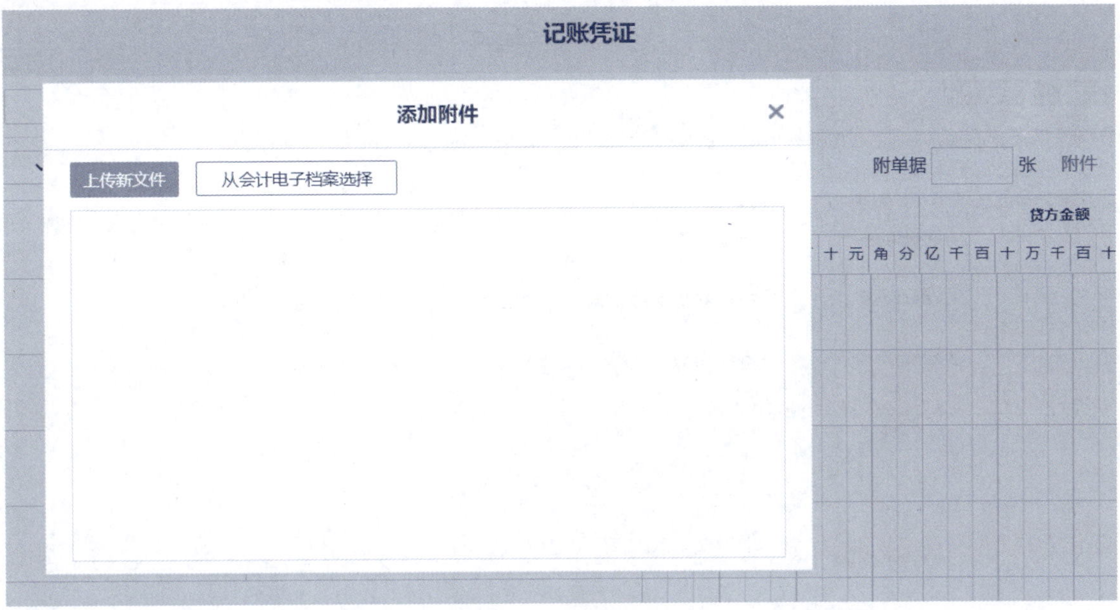

图 8-14 添加附件

（5）每笔分录均由摘要、会计科目、金额构成，缺一不可。在摘要栏单击，输入摘要“购买原材料实木板”，按回车键。

（6）在“会计科目”栏，单击空白处，选择资产类科目“140301 原材料－实木板”科目，单击“确定”按钮（或直接输入科目编码“140301”）。输入实木板数量“500.00”、单价“2 000.00”，按回车键；或者用鼠标单击“借方金额”栏，录入金额“1 000 000.00”。

（7）按回车键跳转到第二行（系统自动复制上一行摘要），再按回车键，在“会计科目”栏选择负债类科目“22210101 应交税费－应交增值税－进项税额”（或者直接输入“22210101”），按回车键。用鼠标单击“借方金额”栏，录入借方金额“130 000.00”。

（8）按回车键跳转到第三行（系统自动复制上一行摘要），再按回车键，在“会计科目”栏选择资产类科目“1002 银行存款”（或者直接输入“1002”），单击“借方金额”栏，点击“=”符号，根据“有借必有贷，借贷必相等”的复式记账法的记账规则，“借方金额”会自动生成金额“1 130 000.00”。

如还有其他凭证需要录入，单击“保存并新增”按钮，如没有其他凭证需要录入，单击“保存”按钮。记账凭证如图 8-15 所示。

记账凭证

新增 保存 打印 更多

记 1 号 日期：2022-11-01 亲，按回车键，能快速选择单元格哟! 附单据 3 张 附件 备注

摘要	会计科目	借方金额（亿千百十万千百十元角分）	贷方金额（亿千百十万千百十元角分）
购买原材料实木板	140301 原材料-实木板 数量：500 单价：2000	100000000	
购买原材料实木板	22210101 应交税费-应交增值税-进项税额	13000000	
购买原材料实木板	1002 银行存款		113000000
合计：壹佰壹拾叁万元整		113000000	113000000

制单人：温暖

图 8-15　记账凭证

2．11 月 4 日，收到济南飞翔商贸有限公司前欠货款 680 000 元。根据中国银行委托收款通知入账。

具体操作过程

（1）登录柠檬云记账平台。

（2）在填制凭证窗口，单击“新增”按钮，增加一张新的凭证。

（3）在“会计科目”栏，单击空白处，选择资产类科目“1002 银行存款”科目，单击“确定”按钮，或直接输入科目编码“1002”，按回车键。用鼠标单击“借方金额”栏，录入金额“680 000.00”。

（4）按回车键跳转到第二行（系统自动复制上一行摘要），再按回车键，在“会计科目”选择资产类科目“1122 应收账款”（或者直接输入“1122”），选择客户“济南飞翔商贸有限公司”，按回车键。用鼠标单击“借方金额”栏，录入贷方金额“680 000.00”。

（5）如还有其他凭证需要录入，单击“保存并新增”按钮，如没有其他凭证需要录入，单击“保存”按钮。记账凭证如图 8–16 所示。

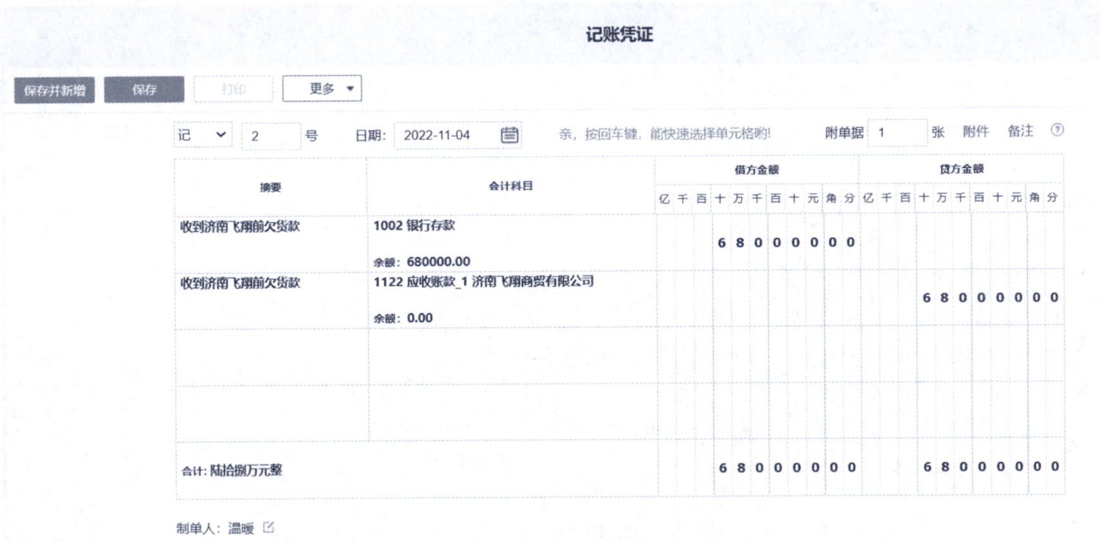

记账凭证

保存并新增 保存 打印 更多

记 2 号 日期：2022-11-04 亲，按回车键，能快速选择单元格哟! 附单据 1 张 附件 备注

摘要	会计科目	借方金额（亿 千 百 十 万 千 百 十 元 角 分）	贷方金额（亿 千 百 十 万 千 百 十 元 角 分）
收到济南飞翔前欠货款	1002 银行存款 余额：680000.00	6 8 0 0 0 0 0 0	
收到济南飞翔前欠货款	1122 应收账款_1 济南飞翔商贸有限公司 余额：0.00		6 8 0 0 0 0 0 0
合计：陆拾捌万元整		6 8 0 0 0 0 0 0	6 8 0 0 0 0 0 0

制单人：温暖

图 8-16 记账凭证

项目九　会计档案整理归档

任务一　熟悉会计档案内容及保管期限

会计档案整理归档范围包括会计凭证、会计账簿、财务会计报告和其他会计资料。

会计凭证包括外来的和自制的各种原始凭证、记账凭证等，一般每月需要整理装订一次。保管期限为 30 年。

会计账簿包括总账、明细账、日记账及其他辅助登记账簿。保管期限为 30 年。

财务会计报告包括月度、季度、半年度、年度财务会计报告。其中，月度、季度、半年度财务会计报告保管期限为 10 年，年度财务会计报告保管期限为永久。

其他会计资料包括银行存款余额调节表、银行对账单、纳税申报表、会计档案移交清册等。银行存款余额调节表、银行对账单、纳税申报表保管期限为 10 年，会计档案移交清册保管期限为 30 年。

企业会计电算化系统或云平台核算，需要保管电子会计档案。

任务二　会计档案整理装订

1. 对 11、12 月份的记账凭证进行整理装订。
2. 对库存现金日记账、银行存款日记账、其他各种明细账、总账进行整理装订。
3. 对财务报表进行整理装订。

项目十　实训总结报告

参照以下框架撰写实训总结报告。

一、实训的目的与作用。

二、实训时间安排和要求。

三、实训过程和收获。

四、实训中的不足或需要提升的方面。

五、实训成果展示。

六、参考文献。

附件：企业空白记账凭证、账簿

记 账 凭 证

年　　月　　日　　　　　　总第　　号
　　　　　　　　　　　　　字第　　号

摘要	科目	子科目或户名	借方金额											贷方金额											记账√
			亿	千	百	十	万	千	百	十	元	角	分	亿	千	百	十	万	千	百	十	元	角	分	
合　计																									

附件　　张

财会主管　　复核　　记账　　制证　　出纳

记 账 凭 证

年　　月　　日　　　　　　总第　　号
　　　　　　　　　　　　　字第　　号

摘要	科目	子科目或户名	借方金额											贷方金额											记账√
			亿	千	百	十	万	千	百	十	元	角	分	亿	千	百	十	万	千	百	十	元	角	分	
合　计																									

附件　　张

财会主管　　复核　　记账　　制证　　出纳

记 账 凭 证

年 月 日

总第 号

字第 号

摘要	科目	子科目或户名	借方金额											贷方金额											记账
			亿	千	百	十	万	千	百	十	元	角	分	亿	千	百	十	万	千	百	十	元	角	分	√
合 计																									

附件 张

财会主管 复核 记账 制证 出纳

记 账 凭 证

年 月 日

总第 号

字第 号

摘要	科目	子科目或户名	借方金额											贷方金额											记账
			亿	千	百	十	万	千	百	十	元	角	分	亿	千	百	十	万	千	百	十	元	角	分	√
合 计																									

附件 张

财会主管 复核 记账 制证 出纳

记 账 凭 证

年 月 日

总第 号

字第 号

摘要	科目	子科目或户名	借方金额											贷方金额											记账
			亿	千	百	十	万	千	百	十	元	角	分	亿	千	百	十	万	千	百	十	元	角	分	√
合 计																									

附件 张

财会主管 复核 记账 制证 出纳

记 账 凭 证

年　月　日　　　　总第　号
字第　号

摘要	科目	子科目或户名	借方金额											贷方金额											记账
			亿	千	百	十	万	千	百	十	元	角	分	亿	千	百	十	万	千	百	十	元	角	分	√
合计																									

附件　张

财会主管　复核　记账　制证　出纳

记 账 凭 证

年　月　日　　　　总第　号
字第　号

摘要	科目	子科目或户名	借方金额											贷方金额											记账
			亿	千	百	十	万	千	百	十	元	角	分	亿	千	百	十	万	千	百	十	元	角	分	√
合计																									

附件　张

财会主管　复核　记账　制证　出纳

记 账 凭 证

年　月　日　　　　总第　号
字第　号

摘要	科目	子科目或户名	借方金额											贷方金额											记账
			亿	千	百	十	万	千	百	十	元	角	分	亿	千	百	十	万	千	百	十	元	角	分	√
合计																									

附件　张

财会主管　复核　记账　制证　出纳

记 账 凭 证

年　　月　　日　　　　总第　　　号
字第　　　号

摘要	科目	子科目或户名	借方金额											贷方金额											记账√
			亿	千	百	十	万	千	百	十	元	角	分	亿	千	百	十	万	千	百	十	元	角	分	
合　计																									

附件　　张

财会主管　　复核　　记账　　制证　　出纳

记 账 凭 证

年　　月　　日　　　　总第　　　号
字第　　　号

摘要	科目	子科目或户名	借方金额											贷方金额											记账√
			亿	千	百	十	万	千	百	十	元	角	分	亿	千	百	十	万	千	百	十	元	角	分	
合　计																									

附件　　张

财会主管　　复核　　记账　　制证　　出纳

记 账 凭 证

年　　月　　日　　　　总第　　　号
字第　　　号

摘要	科目	子科目或户名	借方金额											贷方金额											记账√
			亿	千	百	十	万	千	百	十	元	角	分	亿	千	百	十	万	千	百	十	元	角	分	
合　计																									

附件　　张

财会主管　　复核　　记账　　制证　　出纳

记 账 凭 证

年　　月　　日　　　　　　　　总第　　　号
字第　　　号

摘要	科目	子科目或户名	借方金额											贷方金额											记账 √
			亿	千	百	十	万	千	百	十	元	角	分	亿	千	百	十	万	千	百	十	元	角	分	
合　　计																									

附件　　张

财会主管　　　复核　　　记账　　　制证　　　出纳

记 账 凭 证

年　　月　　日　　　　　　　　总第　　　号
字第　　　号

摘要	科目	子科目或户名	借方金额											贷方金额											记账 √
			亿	千	百	十	万	千	百	十	元	角	分	亿	千	百	十	万	千	百	十	元	角	分	
合　　计																									

附件　　张

财会主管　　　复核　　　记账　　　制证　　　出纳

记 账 凭 证

年　　月　　日　　　　　　　　总第　　　号
字第　　　号

摘要	科目	子科目或户名	借方金额											贷方金额											记账 √
			亿	千	百	十	万	千	百	十	元	角	分	亿	千	百	十	万	千	百	十	元	角	分	
合　　计																									

附件　　张

财会主管　　　复核　　　记账　　　制证　　　出纳

记 账 凭 证

年 月 日

总第 号

字第 号

摘要	科目	子科目或户名	借方金额											贷方金额											记账√
			亿	千	百	十	万	千	百	十	元	角	分	亿	千	百	十	万	千	百	十	元	角	分	
合计																									

附件 张

财会主管 复核 记账 制证 出纳

记 账 凭 证

年 月 日

总第 号

字第 号

摘要	科目	子科目或户名	借方金额											贷方金额											记账√
			亿	千	百	十	万	千	百	十	元	角	分	亿	千	百	十	万	千	百	十	元	角	分	
合计																									

附件 张

财会主管 复核 记账 制证 出纳

记 账 凭 证

年 月 日

总第 号

字第 号

摘要	科目	子科目或户名	借方金额											贷方金额											记账√
			亿	千	百	十	万	千	百	十	元	角	分	亿	千	百	十	万	千	百	十	元	角	分	
合计																									

附件 张

财会主管 复核 记账 制证 出纳

记 账 凭 证

年 月 日

总第 号

字第 号

摘要	科目	子科目或户名	借方金额											贷方金额											记账 √
			亿	千	百	十	万	千	百	十	元	角	分	亿	千	百	十	万	千	百	十	元	角	分	
合计																									

附件 张

财会主管 复核 记账 制证 出纳

记 账 凭 证

年 月 日

总第 号

字第 号

摘要	科目	子科目或户名	借方金额											贷方金额											记账 √
			亿	千	百	十	万	千	百	十	元	角	分	亿	千	百	十	万	千	百	十	元	角	分	
合计																									

附件 张

财会主管 复核 记账 制证 出纳

记 账 凭 证

年 月 日

总第 号

字第 号

摘要	科目	子科目或户名	借方金额											贷方金额											记账 √
			亿	千	百	十	万	千	百	十	元	角	分	亿	千	百	十	万	千	百	十	元	角	分	
合计																									

附件 张

财会主管 复核 记账 制证 出纳

记 账 凭 证

年　月　日　　　　总第　号
字第　号

摘要	科目	子科目或户名	借方金额											贷方金额											记账√
			亿	千	百	十	万	千	百	十	元	角	分	亿	千	百	十	万	千	百	十	元	角	分	
合计																									

附件　张

财会主管　　复核　　记账　　制证　　出纳

记 账 凭 证

年　月　日　　　　总第　号
字第　号

摘要	科目	子科目或户名	借方金额											贷方金额											记账√
			亿	千	百	十	万	千	百	十	元	角	分	亿	千	百	十	万	千	百	十	元	角	分	
合计																									

附件　张

财会主管　　复核　　记账　　制证　　出纳

记 账 凭 证

年　月　日　　　　总第　号
字第　号

摘要	科目	子科目或户名	借方金额											贷方金额											记账√
			亿	千	百	十	万	千	百	十	元	角	分	亿	千	百	十	万	千	百	十	元	角	分	
合计																									

附件　张

财会主管　　复核　　记账　　制证　　出纳

记账凭证

总第　　号
字第　　号

年　　月　　日

摘要	科目	子科目或户名	借方金额											贷方金额											记账√
			亿	千	百	十	万	千	百	十	元	角	分	亿	千	百	十	万	千	百	十	元	角	分	
合计																									

附件　　张

财会主管　　复核　　记账　　制证　　出纳

记账凭证

总第　　号
字第　　号

年　　月　　日

摘要	科目	子科目或户名	借方金额											贷方金额											记账√
			亿	千	百	十	万	千	百	十	元	角	分	亿	千	百	十	万	千	百	十	元	角	分	
合计																									

附件　　张

财会主管　　复核　　记账　　制证　　出纳

记账凭证

总第　　号
字第　　号

年　　月　　日

摘要	科目	子科目或户名	借方金额											贷方金额											记账√
			亿	千	百	十	万	千	百	十	元	角	分	亿	千	百	十	万	千	百	十	元	角	分	
合计																									

附件　　张

财会主管　　复核　　记账　　制证　　出纳

记 账 凭 证

年　　月　　日　　　　总第　　号　字第　　号

摘要	科目	子科目或户名	借方金额											贷方金额											记账
			亿	千	百	十	万	千	百	十	元	角	分	亿	千	百	十	万	千	百	十	元	角	分	√
合　计																									

附件　　张

财会主管　　复核　　记账　　制证　　出纳

记 账 凭 证

年　　月　　日　　　　总第　　号　字第　　号

摘要	科目	子科目或户名	借方金额											贷方金额											记账
			亿	千	百	十	万	千	百	十	元	角	分	亿	千	百	十	万	千	百	十	元	角	分	√
合　计																									

附件　　张

财会主管　　复核　　记账　　制证　　出纳

记 账 凭 证

年　　月　　日　　　　总第　　号　字第　　号

摘要	科目	子科目或户名	借方金额											贷方金额											记账
			亿	千	百	十	万	千	百	十	元	角	分	亿	千	百	十	万	千	百	十	元	角	分	√
合　计																									

附件　　张

财会主管　　复核　　记账　　制证　　出纳

记 账 凭 证

总第　　号
字第　　号

年　　月　　日

摘要	科目	子科目或户名	借方金额											贷方金额											记账
			亿	千	百	十	万	千	百	十	元	角	分	亿	千	百	十	万	千	百	十	元	角	分	√
合　计																									

附件　　张

财会主管　　复核　　记账　　制证　　出纳

记 账 凭 证

总第　　号
字第　　号

年　　月　　日

摘要	科目	子科目或户名	借方金额											贷方金额											记账
			亿	千	百	十	万	千	百	十	元	角	分	亿	千	百	十	万	千	百	十	元	角	分	√
合　计																									

附件　　张

财会主管　　复核　　记账　　制证　　出纳

记 账 凭 证

总第　　号
字第　　号

年　　月　　日

摘要	科目	子科目或户名	借方金额											贷方金额											记账
			亿	千	百	十	万	千	百	十	元	角	分	亿	千	百	十	万	千	百	十	元	角	分	√
合　计																									

附件　　张

财会主管　　复核　　记账　　制证　　出纳

记 账 凭 证

年 月 日　　　　总第　　号　字第　　号

摘要	科目	子科目或户名	借方金额											贷方金额											记账
			亿	千	百	十	万	千	百	十	元	角	分	亿	千	百	十	万	千	百	十	元	角	分	√
合计																									

附件　　张

财会主管　　复核　　记账　　制证　　出纳

记 账 凭 证

年 月 日　　　　总第　　号　字第　　号

摘要	科目	子科目或户名	借方金额											贷方金额											记账
			亿	千	百	十	万	千	百	十	元	角	分	亿	千	百	十	万	千	百	十	元	角	分	√
合计																									

附件　　张

财会主管　　复核　　记账　　制证　　出纳

记 账 凭 证

年 月 日　　　　总第　　号　字第　　号

摘要	科目	子科目或户名	借方金额											贷方金额											记账
			亿	千	百	十	万	千	百	十	元	角	分	亿	千	百	十	万	千	百	十	元	角	分	√
合计																									

附件　　张

财会主管　　复核　　记账　　制证　　出纳

记 账 凭 证

年 月 日

总第 号

字第 号

摘要	科目	子科目或户名	借方金额											贷方金额											记账
			亿	千	百	十	万	千	百	十	元	角	分	亿	千	百	十	万	千	百	十	元	角	分	√
合 计																									

附件 张

财会主管 复核 记账 制证 出纳

记 账 凭 证

年 月 日

总第 号

字第 号

摘要	科目	子科目或户名	借方金额											贷方金额											记账
			亿	千	百	十	万	千	百	十	元	角	分	亿	千	百	十	万	千	百	十	元	角	分	√
合 计																									

附件 张

财会主管 复核 记账 制证 出纳

记 账 凭 证

年 月 日

总第 号

字第 号

摘要	科目	子科目或户名	借方金额											贷方金额											记账
			亿	千	百	十	万	千	百	十	元	角	分	亿	千	百	十	万	千	百	十	元	角	分	√
合 计																									

附件 张

财会主管 复核 记账 制证 出纳

记 账 凭 证

年　　月　　日　　　　总第　　　号
　　　　　　　　　　　字第　　　号

摘要	科目	子科目或户名	借方金额											贷方金额											记账
			亿	千	百	十	万	千	百	十	元	角	分	亿	千	百	十	万	千	百	十	元	角	分	√
合　计																									

附件　　张

财会主管　　复核　　记账　　制证　　出纳

记 账 凭 证

年　　月　　日　　　　总第　　　号
　　　　　　　　　　　字第　　　号

摘要	科目	子科目或户名	借方金额											贷方金额											记账
			亿	千	百	十	万	千	百	十	元	角	分	亿	千	百	十	万	千	百	十	元	角	分	√
合　计																									

附件　　张

财会主管　　复核　　记账　　制证　　出纳

记 账 凭 证

年　　月　　日　　　　总第　　　号
　　　　　　　　　　　字第　　　号

摘要	科目	子科目或户名	借方金额											贷方金额											记账
			亿	千	百	十	万	千	百	十	元	角	分	亿	千	百	十	万	千	百	十	元	角	分	√
合　计																									

附件　　张

财会主管　　复核　　记账　　制证　　出纳

记 账 凭 证

年 月 日

总第 号

字第 号

摘要	科目	子科目或户名	借方金额											贷方金额											记账
			亿	千	百	十	万	千	百	十	元	角	分	亿	千	百	十	万	千	百	十	元	角	分	√
合 计																									

附件 张

财会主管 复核 记账 制证 出纳

记 账 凭 证

年 月 日

总第 号

字第 号

摘要	科目	子科目或户名	借方金额											贷方金额											记账
			亿	千	百	十	万	千	百	十	元	角	分	亿	千	百	十	万	千	百	十	元	角	分	√
合 计																									

附件 张

财会主管 复核 记账 制证 出纳

记 账 凭 证

年 月 日

总第 号

字第 号

摘要	科目	子科目或户名	借方金额											贷方金额											记账
			亿	千	百	十	万	千	百	十	元	角	分	亿	千	百	十	万	千	百	十	元	角	分	√
合 计																									

附件 张

财会主管 复核 记账 制证 出纳

记 账 凭 证

年　月　日　　　　总第　　号
　　　　　　　　　字第　　号

摘要	科目	子科目或户名	借方金额											贷方金额											记账√
			亿	千	百	十	万	千	百	十	元	角	分	亿	千	百	十	万	千	百	十	元	角	分	
合　计																									

附件　　张

财会主管　　复核　　记账　　制证　　出纳

记 账 凭 证

年　月　日　　　　总第　　号
　　　　　　　　　字第　　号

摘要	科目	子科目或户名	借方金额											贷方金额											记账√
			亿	千	百	十	万	千	百	十	元	角	分	亿	千	百	十	万	千	百	十	元	角	分	
合　计																									

附件　　张

财会主管　　复核　　记账　　制证　　出纳

记 账 凭 证

年　月　日　　　　总第　　号
　　　　　　　　　字第　　号

摘要	科目	子科目或户名	借方金额											贷方金额											记账√
			亿	千	百	十	万	千	百	十	元	角	分	亿	千	百	十	万	千	百	十	元	角	分	
合　计																									

附件　　张

财会主管　　复核　　记账　　制证　　出纳

记 账 凭 证

年　月　日　　　　总第　　号
　　　　　　　　　字第　　号

摘要	科目	子科目或户名	借方金额											贷方金额											记账
			亿	千	百	十	万	千	百	十	元	角	分	亿	千	百	十	万	千	百	十	元	角	分	√
合　计																									

附件　　张

财会主管　　复核　　记账　　制证　　出纳

记 账 凭 证

年　月　日　　　　总第　　号
　　　　　　　　　字第　　号

摘要	科目	子科目或户名	借方金额											贷方金额											记账
			亿	千	百	十	万	千	百	十	元	角	分	亿	千	百	十	万	千	百	十	元	角	分	√
合　计																									

附件　　张

财会主管　　复核　　记账　　制证　　出纳

记 账 凭 证

年　月　日　　　　总第　　号
　　　　　　　　　字第　　号

摘要	科目	子科目或户名	借方金额											贷方金额											记账
			亿	千	百	十	万	千	百	十	元	角	分	亿	千	百	十	万	千	百	十	元	角	分	√
合　计																									

附件　　张

财会主管　　复核　　记账　　制证　　出纳

记 账 凭 证

年　　月　　日　　　　总第　　号　字第　　号

摘要	科目	子科目或户名	借方金额											贷方金额											记账√
			亿	千	百	十	万	千	百	十	元	角	分	亿	千	百	十	万	千	百	十	元	角	分	
合计																									

附件　　张

财会主管　　复核　　记账　　制证　　出纳

记 账 凭 证

年　　月　　日　　　　总第　　号　字第　　号

摘要	科目	子科目或户名	借方金额											贷方金额											记账√
			亿	千	百	十	万	千	百	十	元	角	分	亿	千	百	十	万	千	百	十	元	角	分	
合计																									

附件　　张

财会主管　　复核　　记账　　制证　　出纳

记 账 凭 证

年　　月　　日　　　　总第　　号　字第　　号

摘要	科目	子科目或户名	借方金额											贷方金额											记账√
			亿	千	百	十	万	千	百	十	元	角	分	亿	千	百	十	万	千	百	十	元	角	分	
合计																									

附件　　张

财会主管　　复核　　记账　　制证　　出纳

记 账 凭 证

年 月 日

总第 号

字第 号

摘要	科目	子科目或户名	借方金额											贷方金额											记账√
			亿	千	百	十	万	千	百	十	元	角	分	亿	千	百	十	万	千	百	十	元	角	分	
合计																									

附件 张

财会主管 复核 记账 制证 出纳

记 账 凭 证

年 月 日

总第 号

字第 号

摘要	科目	子科目或户名	借方金额											贷方金额											记账√
			亿	千	百	十	万	千	百	十	元	角	分	亿	千	百	十	万	千	百	十	元	角	分	
合计																									

附件 张

财会主管 复核 记账 制证 出纳

记 账 凭 证

年 月 日

总第 号

字第 号

摘要	科目	子科目或户名	借方金额											贷方金额											记账√
			亿	千	百	十	万	千	百	十	元	角	分	亿	千	百	十	万	千	百	十	元	角	分	
合计																									

附件 张

财会主管 复核 记账 制证 出纳

记 账 凭 证

总第　　号

年　　月　　日　　　　字第　　号

摘要	科目	子科目或户名	借方金额											贷方金额											记账
			亿	千	百	十	万	千	百	十	元	角	分	亿	千	百	十	万	千	百	十	元	角	分	√
合　计																									

附件　　张

财会主管　　复核　　记账　　制证　　出纳

记 账 凭 证

总第　　号

年　　月　　日　　　　字第　　号

摘要	科目	子科目或户名	借方金额											贷方金额											记账
			亿	千	百	十	万	千	百	十	元	角	分	亿	千	百	十	万	千	百	十	元	角	分	√
合　计																									

附件　　张

财会主管　　复核　　记账　　制证　　出纳

记 账 凭 证

总第　　号

年　　月　　日　　　　字第　　号

摘要	科目	子科目或户名	借方金额											贷方金额											记账
			亿	千	百	十	万	千	百	十	元	角	分	亿	千	百	十	万	千	百	十	元	角	分	√
合　计																									

附件　　张

财会主管　　复核　　记账　　制证　　出纳

记 账 凭 证

总第　　号
年　月　日　　　　字第　　号

摘要	科目	子科目或户名	借方金额											贷方金额											记账 ✓
			亿	千	百	十	万	千	百	十	元	角	分	亿	千	百	十	万	千	百	十	元	角	分	
合计																									

附件　　张

财会主管　　复核　　记账　　制证　　出纳

记 账 凭 证

总第　　号
年　月　日　　　　字第　　号

摘要	科目	子科目或户名	借方金额											贷方金额											记账 ✓
			亿	千	百	十	万	千	百	十	元	角	分	亿	千	百	十	万	千	百	十	元	角	分	
合计																									

附件　　张

财会主管　　复核　　记账　　制证　　出纳

记 账 凭 证

总第　　号
年　月　日　　　　字第　　号

摘要	科目	子科目或户名	借方金额											贷方金额											记账 ✓
			亿	千	百	十	万	千	百	十	元	角	分	亿	千	百	十	万	千	百	十	元	角	分	
合计																									

附件　　张

财会主管　　复核　　记账　　制证　　出纳

记 账 凭 证

总第　　　号
年　　月　　日　　　　字第　　　号

摘要	科目	子科目或户名	借方金额											贷方金额											记账√
			亿	千	百	十	万	千	百	十	元	角	分	亿	千	百	十	万	千	百	十	元	角	分	
合计																									

附件　　张

财会主管　　复核　　记账　　制证　　出纳

记 账 凭 证

总第　　　号
年　　月　　日　　　　字第　　　号

摘要	科目	子科目或户名	借方金额											贷方金额											记账√
			亿	千	百	十	万	千	百	十	元	角	分	亿	千	百	十	万	千	百	十	元	角	分	
合计																									

附件　　张

财会主管　　复核　　记账　　制证　　出纳

记 账 凭 证

总第　　　号
年　　月　　日　　　　字第　　　号

摘要	科目	子科目或户名	借方金额											贷方金额											记账√
			亿	千	百	十	万	千	百	十	元	角	分	亿	千	百	十	万	千	百	十	元	角	分	
合计																									

附件　　张

财会主管　　复核　　记账　　制证　　出纳

记 账 凭 证

年　　月　　日　　　　总第　　号　字第　　号

摘要	科目	子科目或户名	借方金额											贷方金额											记账
			亿	千	百	十	万	千	百	十	元	角	分	亿	千	百	十	万	千	百	十	元	角	分	√
合　计																									

附件　　张

财会主管　　复核　　记账　　制证　　出纳

记 账 凭 证

年　　月　　日　　　　总第　　号　字第　　号

摘要	科目	子科目或户名	借方金额											贷方金额											记账
			亿	千	百	十	万	千	百	十	元	角	分	亿	千	百	十	万	千	百	十	元	角	分	√
合　计																									

附件　　张

财会主管　　复核　　记账　　制证　　出纳

记 账 凭 证

年　　月　　日　　　　总第　　号　字第　　号

摘要	科目	子科目或户名	借方金额											贷方金额											记账
			亿	千	百	十	万	千	百	十	元	角	分	亿	千	百	十	万	千	百	十	元	角	分	√
合　计																									

附件　　张

财会主管　　复核　　记账　　制证　　出纳

现 金 日 记 账

第1页

年		凭证	对方科目	摘　　要	✓	收入（借方）金额												付出（贷方）金额												结 余 金 额											
月	日	号数				十	亿	千	百	十	万	千	百	十	元	角	分	十	亿	千	百	十	万	千	百	十	元	角	分	十	亿	千	百	十	万	千	百	十	元	角	分

银行存款日记账

第1页

年		凭证号数	对方科目	摘要	✓	收入（借方）金额												付出（贷方）金额												结余金额											
月	日					十	亿	千	百	十	万	千	百	十	元	角	分	十	亿	千	百	十	万	千	百	十	元	角	分	十	亿	千	百	十	万	千	百	十	元	角	分

明细账

总第______页　分第______页

____级科目编号及名称________________

____级科目编号及名称________________

年		凭证		摘要	借方金额												✓	贷方金额												✓	借或贷	余额												✓
月	日	种类	号数		十	亿	千	百	十	万	千	百	十	元	角	分		十	亿	千	百	十	万	千	百	十	元	角	分			十	亿	千	百	十	万	千	百	十	元	角	分	

明细账

总第______页 分第______页

____级科目编号及名称

____级科目编号及名称

年		凭证		摘要	借方												贷方												结存											
月	日	种类	号数		数量	单价	金额										数量	单价	金额										数量	单价	金额									
							千	百	十	万	千	百	十	元	角	分			千	百	十	万	千	百	十	元	角	分			千	百	十	万	千	百	十	元	角	分

明细账

总第______页　分第______页

____级科目编号及名称

____级科目编号及名称

年		凭证		摘要	借方												贷方												结存											
					数量	单价	金额										数量	单价	金额										数量	单价	金额									
月	日	种类	号数				千	百	十	万	千	百	十	元	角	分			千	百	十	万	千	百	十	元	角	分			千	百	十	万	千	百	十	元	角	分

明细账

总第______页 分第______页

____级科目编号及名称

____级科目编号及名称

年		凭证		摘要	借方												贷方												结存											
					数量	单价	金额										数量	单价	金额										数量	单价	金额									
月	日	种类	号数				千	百	十	万	千	百	十	元	角	分			千	百	十	万	千	百	十	元	角	分			千	百	十	万	千	百	十	元	角	分

明细账

总第______页　分第________页

____级科目编号及名称

____级科目编号及名称

年		凭证		摘要	借方												贷方												结存											
					数量	单价	金额										数量	单价	金额										数量	单价	金额									
月	日	种类	号数				千	百	十	万	千	百	十	元	角	分			千	百	十	万	千	百	十	元	角	分			千	百	十	万	千	百	十	元	角	分

明细账

总第______页 分第______页

____级科目编号及名称

____级科目编号及名称

年		凭证		摘要	借方												贷方												结存											
					数量	单价	金额										数量	单价	金额										数量	单价	金额									
月	日	种类	号数				千	百	十	万	千	百	十	元	角	分			千	百	十	万	千	百	十	元	角	分			千	百	十	万	千	百	十	元	角	分

总第______页　分第________页

____级科目编号及名称

____级科目编号及名称

明细账

年		凭证		摘要	借方												贷方												结存											
月	日	种类	号数		数量	单价	金额										数量	单价	金额										数量	单价	金额									
							千	百	十	万	千	百	十	元	角	分			千	百	十	万	千	百	十	元	角	分			千	百	十	万	千	百	十	元	角	分

明细账

总第______页　分第______页

____级科目编号及名称

____级科目编号及名称

年		凭证		摘要	借方			贷方			结存		
月	日	种类	号数		数量	单价	金额 千百十万千百十元角分	数量	单价	金额 千百十万千百十元角分	数量	单价	金额 千百十万千百十元角分

总第______页　分第________页

____级科目编号及名称

____级科目编号及名称

明细账

年		凭证		摘要	借方												贷方												结存											
					数量	单价	金额										数量	单价	金额										数量	单价	金额									
月	日	种类	号数				千	百	十	万	千	百	十	元	角	分			千	百	十	万	千	百	十	元	角	分			千	百	十	万	千	百	十	元	角	分

明细账

总第____页 分第____页

____级科目编号及名称

____级科目编号及名称

年		凭证		摘要	借方												贷方												结存											
月	日	种类	号数		数量	单价	金额										数量	单价	金额										数量	单价	金额									
							千	百	十	万	千	百	十	元	角	分			千	百	十	万	千	百	十	元	角	分			千	百	十	万	千	百	十	元	角	分

总第______页　分第______页

____级科目编号及名称

____级科目编号及名称

明细账

年		凭证		摘要	借方												贷方												结存											
					数量	单价	金额										数量	单价	金额										数量	单价	金额									
月	日	种类	号数				千	百	十	万	千	百	十	元	角	分			千	百	十	万	千	百	十	元	角	分			千	百	十	万	千	百	十	元	角	分

总第______页　分第______页

____级科目编号及名称

____级科目编号及名称

明细账

年		凭证		摘要	借方												贷方												结存											
					数量	单价	金额										数量	单价	金额										数量	单价	金额									
月	日	种类	号数				千	百	十	万	千	百	十	元	角	分			千	百	十	万	千	百	十	元	角	分			千	百	十	万	千	百	十	元	角	分

明细账

总第______页　分第______页

____级科目编号及名称

____级科目编号及名称

年		凭证		摘要	借方												贷方												结存											
					数量	单价	金额										数量	单价	金额										数量	单价	金额									
月	日	种类	号数				千	百	十	万	千	百	十	元	角	分			千	百	十	万	千	百	十	元	角	分			千	百	十	万	千	百	十	元	角	分

总第______页 分第______页

____级科目编号及名称

____级科目编号及名称

明细账

年		凭证		摘要	借方												贷方												结存											
					数量	单价	金额										数量	单价	金额										数量	单价	金额									
月	日	种类	号数				千	百	十	万	千	百	十	元	角	分			千	百	十	万	千	百	十	元	角	分			千	百	十	万	千	百	十	元	角	分

总第______页 分第________页

明细账

____级科目编号及名称

____级科目编号及名称

年		凭证		摘要	借方												贷方												结存											
					数量	单价	金额										数量	单价	金额										数量	单价	金额									
月	日	种类	号数				千	百	十	万	千	百	十	元	角	分			千	百	十	万	千	百	十	元	角	分			千	百	十	万	千	百	十	元	角	分

明细账

总第______页　分第______页

____级科目编号及名称

____级科目编号及名称

年		凭证		摘要	借方												贷方												结存											
月	日	种类	号数		数量	单价	金额										数量	单价	金额										数量	单价	金额									
							千	百	十	万	千	百	十	元	角	分			千	百	十	万	千	百	十	元	角	分			千	百	十	万	千	百	十	元	角	分

明细账

总第______页　分第______页

____级科目编号及名称

____级科目编号及名称

年		凭证		摘要	借方												贷方												结存											
月	日	种类	号数		数量	单价	金额										数量	单价	金额										数量	单价	金额									
							千	百	十	万	千	百	十	元	角	分			千	百	十	万	千	百	十	元	角	分			千	百	十	万	千	百	十	元	角	分

总第______页　分第______页

____级科目编号及名称

____级科目编号及名称

明细账

年		凭证		摘要	借方												贷方												结存											
					数量	单价	金额										数量	单价	金额										数量	单价	金额									
月	日	种类	号数				千	百	十	万	千	百	十	元	角	分			千	百	十	万	千	百	十	元	角	分			千	百	十	万	千	百	十	元	角	分

明细账

总第______页　分第______页

____级科目编号及名称

____级科目编号及名称

年		凭证		摘要	借方												贷方												结存											
					数量	单价	金额										数量	单价	金额										数量	单价	金额									
月	日	种类	号数				千	百	十	万	千	百	十	元	角	分			千	百	十	万	千	百	十	元	角	分			千	百	十	万	千	百	十	元	角	分

明细账

总第______页　分第________页

____级科目编号及名称

____级科目编号及名称

年		凭证		摘要	借方												贷方												结存											
					数量	单价	金额										数量	单价	金额										数量	单价	金额									
月	日	种类	号数				千	百	十	万	千	百	十	元	角	分			千	百	十	万	千	百	十	元	角	分			千	百	十	万	千	百	十	元	角	分

总第______页　分第________页

____级科目编号及名称

____级科目编号及名称

明细账

年		凭证		摘要	借方												贷方												结存											
					数量	单价	金额										数量	单价	金额										数量	单价	金额									
月	日	种类	号数				千	百	十	万	千	百	十	元	角	分			千	百	十	万	千	百	十	元	角	分			千	百	十	万	千	百	十	元	角	分

明细账

总第______页 分第______页

____级科目编号及名称

____级科目编号及名称

年		凭证		摘要	借方												贷方												结存											
					数量	单价	金额										数量	单价	金额										数量	单价	金额									
月	日	种类	号数				千	百	十	万	千	百	十	元	角	分			千	百	十	万	千	百	十	元	角	分			千	百	十	万	千	百	十	元	角	分

明细账

总第______页 分第______页

____级科目编号及名称

____级科目编号及名称

年		凭证		摘要	借方												贷方												结存											
					数量	单价	金额										数量	单价	金额										数量	单价	金额									
月	日	种类	号数				千	百	十	万	千	百	十	元	角	分			千	百	十	万	千	百	十	元	角	分			千	百	十	万	千	百	十	元	角	分

明细账

总第______页 分第______页

____级科目编号及名称

____级科目编号及名称

年		凭证		摘要	借方												贷方												结存											
					数量	单价	金额										数量	单价	金额										数量	单价	金额									
月	日	种类	号数				千	百	十	万	千	百	十	元	角	分			千	百	十	万	千	百	十	元	角	分			千	百	十	万	千	百	十	元	角	分

总第______页　分第______页

____级科目编号及名称

____级科目编号及名称

明细账

年		凭证		摘要	借方												贷方												结存											
					数量	单价	金额										数量	单价	金额										数量	单价	金额									
月	日	种类	号数				千	百	十	万	千	百	十	元	角	分			千	百	十	万	千	百	十	元	角	分			千	百	十	万	千	百	十	元	角	分

明细账

总第______页 分第______页

____级科目编号及名称

____级科目编号及名称

年		凭证		摘要	借方												贷方												结存											
					数量	单价	金额										数量	单价	金额										数量	单价	金额									
月	日	种类	号数				千	百	十	万	千	百	十	元	角	分			千	百	十	万	千	百	十	元	角	分			千	百	十	万	千	百	十	元	角	分

总第______页　分第______页

____级科目编号及名称

____级科目编号及名称

明细账

年		凭证		摘要	借方												贷方												结存											
					数量	单价	金额										数量	单价	金额										数量	单价	金额									
月	日	种类	号数				千	百	十	万	千	百	十	元	角	分			千	百	十	万	千	百	十	元	角	分			千	百	十	万	千	百	十	元	角	分

明细账

总第______页　分第______页

____级科目编号及名称

____级科目编号及名称

年		凭证		摘要	借方												贷方												结存											
月	日	种类	号数		数量	单价	金额										数量	单价	金额										数量	单价	金额									
							千	百	十	万	千	百	十	元	角	分			千	百	十	万	千	百	十	元	角	分			千	百	十	万	千	百	十	元	角	分

明细账

总第______页 分第______页

____级科目编号及名称

____级科目编号及名称

年		凭证		摘要	借方												贷方												结存											
					数量	单价	金额										数量	单价	金额										数量	单价	金额									
月	日	种类	号数				千	百	十	万	千	百	十	元	角	分			千	百	十	万	千	百	十	元	角	分			千	百	十	万	千	百	十	元	角	分

________明细账

总第______页 分第______页

____级科目编号及名称

____级科目编号及名称

年		凭证		摘要	借方												贷方												结存											
月	日	种类	号数		数量	单价	金额										数量	单价	金额										数量	单价	金额									
							千	百	十	万	千	百	十	元	角	分			千	百	十	万	千	百	十	元	角	分			千	百	十	万	千	百	十	元	角	分

明细账

总第______页　分第______页

____级科目编号及名称

____级科目编号及名称

年		凭证		摘要	借方												贷方												结存											
					数量	单价	金额										数量	单价	金额										数量	单价	金额									
月	日	种类	号数				千	百	十	万	千	百	十	元	角	分			千	百	十	万	千	百	十	元	角	分			千	百	十	万	千	百	十	元	角	分

明细账

总第______页 分第______页

____级科目编号及名称

____级科目编号及名称

年		凭证		摘要	借方												贷方												结存											
					数量	单价	金额										数量	单价	金额										数量	单价	金额									
月	日	种类	号数				千	百	十	万	千	百	十	元	角	分			千	百	十	万	千	百	十	元	角	分			千	百	十	万	千	百	十	元	角	分

总第______页 分第______页

____级科目编号及名称

____级科目编号及名称

明细账

年		凭证		摘要	借方												贷方												结存											
					数量	单价	金额										数量	单价	金额										数量	单价	金额									
月	日	种类	号数				千	百	十	万	千	百	十	元	角	分			千	百	十	万	千	百	十	元	角	分			千	百	十	万	千	百	十	元	角	分

明细账

总第______页 分第______页

____级科目编号及名称

____级科目编号及名称

年		凭证		摘要	借方												贷方												结存											
月	日	种类	号数		数量	单价	金额										数量	单价	金额										数量	单价	金额									
							千	百	十	万	千	百	十	元	角	分			千	百	十	万	千	百	十	元	角	分			千	百	十	万	千	百	十	元	角	分

明细账

总第______页 分第______页

____级科目编号及名称

____级科目编号及名称

年		凭证		摘要	借方												贷方												结存											
					数量	单价	金额										数量	单价	金额										数量	单价	金额									
月	日	种类	号数				千	百	十	万	千	百	十	元	角	分			千	百	十	万	千	百	十	元	角	分			千	百	十	万	千	百	十	元	角	分

明细账

总第______页　分第______页

____级科目编号及名称

____级科目编号及名称

年		凭证		摘要	借方												贷方												结存											
					数量	单价	金额										数量	单价	金额										数量	单价	金额									
月	日	种类	号数				千	百	十	万	千	百	十	元	角	分			千	百	十	万	千	百	十	元	角	分			千	百	十	万	千	百	十	元	角	分

总第______页　分第______页

明细账

____级科目编号及名称

____级科目编号及名称

年		凭证		摘要	借方												贷方												结存											
					数量	单价	金额										数量	单价	金额										数量	单价	金额									
月	日	种类	号数				千	百	十	万	千	百	十	元	角	分			千	百	十	万	千	百	十	元	角	分			千	百	十	万	千	百	十	元	角	分

明细账

总第______页 分第______页

____级科目编号及名称

____级科目编号及名称

年		凭证		摘要	借方												贷方												结存											
					数量	单价	金额										数量	单价	金额										数量	单价	金额									
月	日	种类	号数				千	百	十	万	千	百	十	元	角	分			千	百	十	万	千	百	十	元	角	分			千	百	十	万	千	百	十	元	角	分

总第______页　分第________页

____级科目编号及名称

____级科目编号及名称

明细账

年		凭证		摘要	借方												贷方												结存											
月	日	种类	号数		数量	单价	金额										数量	单价	金额										数量	单价	金额									
							千	百	十	万	千	百	十	元	角	分			千	百	十	万	千	百	十	元	角	分			千	百	十	万	千	百	十	元	角	分

总第______页 分第______页

____级科目编号及名称

____级科目编号及名称

明细账

年		凭证		摘要	借方												贷方												结存											
					数量	单价	金额										数量	单价	金额										数量	单价	金额									
月	日	种类	号数				千	百	十	万	千	百	十	元	角	分			千	百	十	万	千	百	十	元	角	分			千	百	十	万	千	百	十	元	角	分

总第______页 分第______页

____级科目编号及名称

____级科目编号及名称

明细账

年		凭证		摘要	借方												贷方												结存											
					数量	单价	金额										数量	单价	金额										数量	单价	金额									
月	日	种类	号数				千	百	十	万	千	百	十	元	角	分			千	百	十	万	千	百	十	元	角	分			千	百	十	万	千	百	十	元	角	分

______明细账

总第______页　分第______页

____级科目编号及名称

____级科目编号及名称

年		凭证		摘要	借方												贷方												结存											
					数量	单价	金额										数量	单价	金额										数量	单价	金额									
月	日	种类	号数				千	百	十	万	千	百	十	元	角	分			千	百	十	万	千	百	十	元	角	分			千	百	十	万	千	百	十	元	角	分

总第______页　分第________页

____级科目编号及名称

____级科目编号及名称

明细账

年		凭证		摘要	借方												贷方												结存											
月	日	种类	号数		数量	单价	金额										数量	单价	金额										数量	单价	金额									
							千	百	十	万	千	百	十	元	角	分			千	百	十	万	千	百	十	元	角	分			千	百	十	万	千	百	十	元	角	分

明细账

总第______页　分第______页

____级科目编号及名称

____级科目编号及名称

年		凭证		摘要	借方			贷方			结存		
月	日	种类	号数		数量	单价	金额 千百十万千百十元角分	数量	单价	金额 千百十万千百十元角分	数量	单价	金额 千百十万千百十元角分

总第______页　分第______页

____级科目编号及名称

____级科目编号及名称

明细账

年		凭证		摘要	借方												贷方												结存											
月	日	种类	号数		数量	单价	金额										数量	单价	金额										数量	单价	金额									
							千	百	十	万	千	百	十	元	角	分			千	百	十	万	千	百	十	元	角	分			千	百	十	万	千	百	十	元	角	分

明细账

总第______页 分第______页

____级科目编号及名称

____级科目编号及名称

年		凭证		摘要	借方												贷方												结存											
					数量	单价	金额										数量	单价	金额										数量	单价	金额									
月	日	种类	号数				千	百	十	万	千	百	十	元	角	分			千	百	十	万	千	百	十	元	角	分			千	百	十	万	千	百	十	元	角	分

明细账

总第______页　分第______页

____级科目编号及名称

____级科目编号及名称

年		凭证		摘要	借方												贷方												结存											
					数量	单价	金额										数量	单价	金额										数量	单价	金额									
月	日	种类	号数				千	百	十	万	千	百	十	元	角	分			千	百	十	万	千	百	十	元	角	分			千	百	十	万	千	百	十	元	角	分

总第______页　分第______页

____级科目编号及名称

____级科目编号及名称

明细账

年		凭证		摘要	借方												贷方												结存											
月	日	种类	号数		数量	单价	金额										数量	单价	金额										数量	单价	金额									
							千	百	十	万	千	百	十	元	角	分			千	百	十	万	千	百	十	元	角	分			千	百	十	万	千	百	十	元	角	分

明细账

总第______页　分第______页

____级科目编号及名称

____级科目编号及名称

年		凭证		摘要	借方												贷方												结存											
					数量	单价	金额										数量	单价	金额										数量	单价	金额									
月	日	种类	号数				千	百	十	万	千	百	十	元	角	分			千	百	十	万	千	百	十	元	角	分			千	百	十	万	千	百	十	元	角	分

明细账

总第______页　分第________页

____级科目编号及名称

____级科目编号及名称

年		凭证		摘要	借方												贷方												结存											
月	日	种类	号数		数量	单价	金额										数量	单价	金额										数量	单价	金额									
							千	百	十	万	千	百	十	元	角	分			千	百	十	万	千	百	十	元	角	分			千	百	十	万	千	百	十	元	角	分

明细账

总第______页　分第________页

____级科目编号及名称

____级科目编号及名称

年		凭证		摘要	借方												贷方												结存											
月	日	种类	号数		数量	单价	金额										数量	单价	金额										数量	单价	金额									
							千	百	十	万	千	百	十	元	角	分			千	百	十	万	千	百	十	元	角	分			千	百	十	万	千	百	十	元	角	分

明细账

总第______页　分第________页

____级科目编号及名称

____级科目编号及名称

年		凭证		摘要	借方												贷方												结存											
					数量	单价	金额										数量	单价	金额										数量	单价	金额									
月	日	种类	号数				千	百	十	万	千	百	十	元	角	分			千	百	十	万	千	百	十	元	角	分			千	百	十	万	千	百	十	元	角	分

第　　页

年		凭证号数	摘要	√	借方											贷方											借或贷	余额										
月	日				亿	千	百	十	万	千	百	十	元	角	分	亿	千	百	十	万	千	百	十	元	角	分		亿	千	百	十	万	千	百	十	元	角	分

第　　页

年		凭证号数	摘要	√	借方											贷方											借或贷	余额										
月	日				亿	千	百	十	万	千	百	十	元	角	分	亿	千	百	十	万	千	百	十	元	角	分		亿	千	百	十	万	千	百	十	元	角	分

第　　页

年		凭证号数	摘要	√	借方											贷方											借或贷	余额										
月	日				亿	千	百	十	万	千	百	十	元	角	分	亿	千	百	十	万	千	百	十	元	角	分		亿	千	百	十	万	千	百	十	元	角	分

第　　页

年		凭证号数	摘要	√	借方											贷方											借或贷	余额										
月	日				亿	千	百	十	万	千	百	十	元	角	分	亿	千	百	十	万	千	百	十	元	角	分		亿	千	百	十	万	千	百	十	元	角	分

第　页

年		凭证号数	摘要	✓	借方											贷方											借或贷	余额										
月	日				亿	千	百	十	万	千	百	十	元	角	分	亿	千	百	十	万	千	百	十	元	角	分		亿	千	百	十	万	千	百	十	元	角	分

第　页

年		凭证号数	摘要	✓	借方											贷方											借或贷	余额										
月	日				亿	千	百	十	万	千	百	十	元	角	分	亿	千	百	十	万	千	百	十	元	角	分		亿	千	百	十	万	千	百	十	元	角	分

第　页

年		凭证号数	摘要	√	借方											贷方											借或贷	余额										
月	日				亿	千	百	十	万	千	百	十	元	角	分	亿	千	百	十	万	千	百	十	元	角	分		亿	千	百	十	万	千	百	十	元	角	分

第　页

年		凭证号数	摘要	√	借方											贷方											借或贷	余额										
月	日				亿	千	百	十	万	千	百	十	元	角	分	亿	千	百	十	万	千	百	十	元	角	分		亿	千	百	十	万	千	百	十	元	角	分

第　　页

年		凭证号数	摘要	√	借方											贷方											借或贷	余额										
月	日				亿	千	百	十	万	千	百	十	元	角	分	亿	千	百	十	万	千	百	十	元	角	分		亿	千	百	十	万	千	百	十	元	角	分

第　　页

年		凭证号数	摘要	√	借方											贷方											借或贷	余额										
月	日				亿	千	百	十	万	千	百	十	元	角	分	亿	千	百	十	万	千	百	十	元	角	分		亿	千	百	十	万	千	百	十	元	角	分

第　　页

年		凭证号数	摘要	√	借方											贷方											借或贷	余额										
月	日				亿	千	百	十	万	千	百	十	元	角	分	亿	千	百	十	万	千	百	十	元	角	分		亿	千	百	十	万	千	百	十	元	角	分

第　　页

年		凭证号数	摘要	√	借方											贷方											借或贷	余额										
月	日				亿	千	百	十	万	千	百	十	元	角	分	亿	千	百	十	万	千	百	十	元	角	分		亿	千	百	十	万	千	百	十	元	角	分

第　　页

年		凭证号数	摘要	√	借方											贷方											借或贷	余额										
月	日				亿	千	百	十	万	千	百	十	元	角	分	亿	千	百	十	万	千	百	十	元	角	分		亿	千	百	十	万	千	百	十	元	角	分

第　　页

年		凭证号数	摘要	√	借方											贷方											借或贷	余额										
月	日				亿	千	百	十	万	千	百	十	元	角	分	亿	千	百	十	万	千	百	十	元	角	分		亿	千	百	十	万	千	百	十	元	角	分

第　　页

年		凭证号数	摘要	√	借方											贷方											借或贷	余额										
月	日				亿	千	百	十	万	千	百	十	元	角	分	亿	千	百	十	万	千	百	十	元	角	分		亿	千	百	十	万	千	百	十	元	角	分

第　　页

年		凭证号数	摘要	√	借方											贷方											借或贷	余额										
月	日				亿	千	百	十	万	千	百	十	元	角	分	亿	千	百	十	万	千	百	十	元	角	分		亿	千	百	十	万	千	百	十	元	角	分

第　　页

年		凭证号数	摘要	√	借方											贷方											借或贷	余额										
月	日				亿	千	百	十	万	千	百	十	元	角	分	亿	千	百	十	万	千	百	十	元	角	分		亿	千	百	十	万	千	百	十	元	角	分

第　　页

年		凭证号数	摘要	√	借方											贷方											借或贷	余额										
月	日				亿	千	百	十	万	千	百	十	元	角	分	亿	千	百	十	万	千	百	十	元	角	分		亿	千	百	十	万	千	百	十	元	角	分

第　　页

年		凭证号数	摘要	√	借方											贷方											借或贷	余额										
月	日				亿	千	百	十	万	千	百	十	元	角	分	亿	千	百	十	万	千	百	十	元	角	分		亿	千	百	十	万	千	百	十	元	角	分

第　　页

年		凭证号数	摘要	√	借方											贷方											借或贷	余额										
月	日				亿	千	百	十	万	千	百	十	元	角	分	亿	千	百	十	万	千	百	十	元	角	分		亿	千	百	十	万	千	百	十	元	角	分

第　页

年		凭证号数	摘要	√	借方											贷方											借或贷	余额										
月	日				亿	千	百	十	万	千	百	十	元	角	分	亿	千	百	十	万	千	百	十	元	角	分		亿	千	百	十	万	千	百	十	元	角	分

第　页

年		凭证号数	摘要	√	借方											贷方											借或贷	余额										
月	日				亿	千	百	十	万	千	百	十	元	角	分	亿	千	百	十	万	千	百	十	元	角	分		亿	千	百	十	万	千	百	十	元	角	分

第　页

年		凭证号数	摘要	√	借方											贷方											借或贷	余额										
月	日				亿	千	百	十	万	千	百	十	元	角	分	亿	千	百	十	万	千	百	十	元	角	分		亿	千	百	十	万	千	百	十	元	角	分

第　页

年		凭证号数	摘要	√	借方											贷方											借或贷	余额										
月	日				亿	千	百	十	万	千	百	十	元	角	分	亿	千	百	十	万	千	百	十	元	角	分		亿	千	百	十	万	千	百	十	元	角	分

第 页

年		凭证号数	摘要	√	借方											贷方											借或贷	余额										
月	日				亿	千	百	十	万	千	百	十	元	角	分	亿	千	百	十	万	千	百	十	元	角	分		亿	千	百	十	万	千	百	十	元	角	分

第 页

年		凭证号数	摘要	√	借方											贷方											借或贷	余额										
月	日				亿	千	百	十	万	千	百	十	元	角	分	亿	千	百	十	万	千	百	十	元	角	分		亿	千	百	十	万	千	百	十	元	角	分

第　　页

年		凭证号数	摘要	✓	借方											贷方											借或贷	余额										
月	日				亿	千	百	十	万	千	百	十	元	角	分	亿	千	百	十	万	千	百	十	元	角	分		亿	千	百	十	万	千	百	十	元	角	分

第　　页

年		凭证号数	摘要	✓	借方											贷方											借或贷	余额										
月	日				亿	千	百	十	万	千	百	十	元	角	分	亿	千	百	十	万	千	百	十	元	角	分		亿	千	百	十	万	千	百	十	元	角	分

第　页

年		凭证号数	摘要	√	借方											贷方											借或贷	余额										
月	日				亿	千	百	十	万	千	百	十	元	角	分	亿	千	百	十	万	千	百	十	元	角	分		亿	千	百	十	万	千	百	十	元	角	分

第　页

年		凭证号数	摘要	√	借方											贷方											借或贷	余额										
月	日				亿	千	百	十	万	千	百	十	元	角	分	亿	千	百	十	万	千	百	十	元	角	分		亿	千	百	十	万	千	百	十	元	角	分

第　　页

年		凭证号数	摘要	✓	借方											贷方											借或贷	余额										
月	日				亿	千	百	十	万	千	百	十	元	角	分	亿	千	百	十	万	千	百	十	元	角	分		亿	千	百	十	万	千	百	十	元	角	分

第　　页

年		凭证号数	摘要	✓	借方											贷方											借或贷	余额										
月	日				亿	千	百	十	万	千	百	十	元	角	分	亿	千	百	十	万	千	百	十	元	角	分		亿	千	百	十	万	千	百	十	元	角	分

第　　页

年		凭证号数	摘要	√	借方											贷方											借或贷	余额										
月	日				亿	千	百	十	万	千	百	十	元	角	分	亿	千	百	十	万	千	百	十	元	角	分		亿	千	百	十	万	千	百	十	元	角	分

第　　页

年		凭证号数	摘要	√	借方											贷方											借或贷	余额										
月	日				亿	千	百	十	万	千	百	十	元	角	分	亿	千	百	十	万	千	百	十	元	角	分		亿	千	百	十	万	千	百	十	元	角	分

第　　页

年		凭证号数	摘要	√	借方											贷方											借或贷	余额										
月	日				亿	千	百	十	万	千	百	十	元	角	分	亿	千	百	十	万	千	百	十	元	角	分		亿	千	百	十	万	千	百	十	元	角	分

第　　页

年		凭证号数	摘要	√	借方											贷方											借或贷	余额										
月	日				亿	千	百	十	万	千	百	十	元	角	分	亿	千	百	十	万	千	百	十	元	角	分		亿	千	百	十	万	千	百	十	元	角	分

第　　页

年		凭证号数	摘要	√	借方											贷方											借或贷	余额										
月	日				亿	千	百	十	万	千	百	十	元	角	分	亿	千	百	十	万	千	百	十	元	角	分		亿	千	百	十	万	千	百	十	元	角	分

第　　页

年		凭证号数	摘要	√	借方											贷方											借或贷	余额										
月	日				亿	千	百	十	万	千	百	十	元	角	分	亿	千	百	十	万	千	百	十	元	角	分		亿	千	百	十	万	千	百	十	元	角	分

第　　页

年		凭证号数	摘要	√	借方											贷方											借或贷	余额										
月	日				亿	千	百	十	万	千	百	十	元	角	分	亿	千	百	十	万	千	百	十	元	角	分		亿	千	百	十	万	千	百	十	元	角	分

第　　页

年		凭证号数	摘要	√	借方											贷方											借或贷	余额										
月	日				亿	千	百	十	万	千	百	十	元	角	分	亿	千	百	十	万	千	百	十	元	角	分		亿	千	百	十	万	千	百	十	元	角	分

第　　页

年		凭证号数	摘要	√	借方											贷方											借或贷	余额										
月	日				亿	千	百	十	万	千	百	十	元	角	分	亿	千	百	十	万	千	百	十	元	角	分		亿	千	百	十	万	千	百	十	元	角	分

第　　页

年		凭证号数	摘要	√	借方											贷方											借或贷	余额										
月	日				亿	千	百	十	万	千	百	十	元	角	分	亿	千	百	十	万	千	百	十	元	角	分		亿	千	百	十	万	千	百	十	元	角	分

第　　页

年		凭证号数	摘要	√	借方											贷方											借或贷	余额										
月	日				亿	千	百	十	万	千	百	十	元	角	分	亿	千	百	十	万	千	百	十	元	角	分		亿	千	百	十	万	千	百	十	元	角	分

第　　页

年		凭证号数	摘要	√	借方											贷方											借或贷	余额										
月	日				亿	千	百	十	万	千	百	十	元	角	分	亿	千	百	十	万	千	百	十	元	角	分		亿	千	百	十	万	千	百	十	元	角	分

第　　页

年		凭证号数	摘要	√	借方											贷方											借或贷	余额										
月	日				亿	千	百	十	万	千	百	十	元	角	分	亿	千	百	十	万	千	百	十	元	角	分		亿	千	百	十	万	千	百	十	元	角	分

第　　页

年		凭证号数	摘要	√	借方											贷方											借或贷	余额										
月	日				亿	千	百	十	万	千	百	十	元	角	分	亿	千	百	十	万	千	百	十	元	角	分		亿	千	百	十	万	千	百	十	元	角	分

科 目 汇 总 表

单位：　　　　　　　　　　年　月　日　　　　　　　　　　字第　号

会计科目	账页	本期发生额		记账凭证起讫号
		借方	贷方	

科 目 汇 总 表

单位：　　　　　　　　　　年　月　日　　　　　　　　　字第　号

会计科目	账页	本期发生额		记账凭证起讫号
		借方	贷方	

资产负债表

编制单位：　　　　　　　　　　　　年　　月　　日　　　　　　　　　　　　单位：元

资产	期末余额	年初余额	负债和所有者权益（或股东权益）	期末余额	年初余额
流动资产：			流动负债：		
货币资金			短期借款		
交易性金融资产			交易性金融负债		
应收票据			应付票据		
应收账款			应付账款		
预付款项			预收款项		
其他应收款			合同负债		
存货			应付职工薪酬		
合同资产			应交税费		
一年内到期的非流动资产			其他应付款		
其他流动资产			一年内到期的非流动负债		
流动资产合计			其他流动负债		
非流动资产：			流动负债合计		
债权投资			非流动负债：		
其他债权投资			长期借款		
长期股权投资			应付债券		
投资性房地产			长期应付款		
固定资产			预计负债		
在建工程			递延收益		
无形资产			递延所得税负债		
开发支出			其他非流动负债		
商誉			非流动负债合计		
长期待摊费用			负债合计		
递延所得税资产			所有者权益（或股东权益）：		
其他非流动资产			实收资本（或股本）		
非流动资产合计			资本公积		
			减：库存股		
			其他综合收益		
			盈余公积		
			未分配利润		
			所有者权益（或股东权益）合计		
资产总计			**负债和所有者权益（或股东权益）总计**		

单位负责人：　　　　　　　　　　财务负责人：　　　　　　　　　　会计主管：

资产负债表

编制单位：　　　　　　　　　　　　年　月　日　　　　　　　　　　单位：元

资产	期末余额	年初余额	负债和所有者权益（或股东权益）	期末余额	年初余额
流动资产：			流动负债：		
货币资金			短期借款		
交易性金融资产			交易性金融负债		
应收票据			应付票据		
应收账款			应付账款		
预付款项			预收款项		
其他应收款			合同负债		
存货			应付职工薪酬		
合同资产			应交税费		
一年内到期的非流动资产			其他应付款		
其他流动资产			一年内到期的非流动负债		
流动资产合计			其他流动负债		
非流动资产：			流动负债合计		
债权投资			非流动负债：		
其他债权投资			长期借款		
长期股权投资			应付债券		
投资性房地产			长期应付款		
固定资产			预计负债		
在建工程			递延收益		
无形资产			递延所得税负债		
开发支出			其他非流动负债		
商誉			非流动负债合计		
长期待摊费用			负债合计		
递延所得税资产			所有者权益（或股东权益）：		
其他非流动资产			实收资本（或股本）		
非流动资产合计			资本公积		
			减：库存股		
			其他综合收益		
			盈余公积		
			未分配利润		
			所有者权益（或股东权益）合计		
资产总计			**负债和所有者权益（或股东权益）总计**		

单位负责人：　　　　　　　　财务负责人：　　　　　　　　会计主管：

利润表

编制单位：　　　　　　　　　　　　年　　月　　　　　　　　　　　　单位：元

项目	本期金额	本年累计金额
一、营业收入		
减：营业成本		
税金及附加		
销售费用		
管理费用		
研发费用		
财务费用		
加：其他收益		
投资收益（损失以“－”号填列）		
公允价值变动收益（损失以“－”号填列）		
信用减值损失（损失以“－”号填列）		
资产减值损失（损失以“－”号填列）		
资产处置收益（损失以“－”号填列）		
二、营业利润（亏损以“－”号填列）		
加：营业外收入		
减：营业外支出		
三、利润总额（亏损总额以“－”号填列）		
减：所得税费用		
四、净利润（净亏损以“－”号填列）		
五、其他综合收益的税后净额		
（一）不能重分类进损益的其他综合收益		
1. 重新计量设定受益计划变动额		
2. 权益法下不能转损益的其他综合收益		
……		
（二）将重分类进损益的其他综合收益		
1. 权益法下可转损益的其他综合收益		
2. 其他债权投资公允价值变动		
3. 金融资产重分类计入其他综合收益的金额		
……		
六、综合收益总额		
七、每股收益		
（一）基本每股收益		
（二）稀释每股收益		

单位负责人：　　　　　　　　　财务负责人：　　　　　　　　　会计主管：

利润表

编制单位：　　　　　　　　　　年　　月　　　　　　　　　　单位：元

项目	本期金额	本年累计金额
一、营业收入		
减：营业成本		
税金及附加		
销售费用		
管理费用		
研发费用		
财务费用		
加：其他收益		
投资收益（损失以“—”号填列）		
公允价值变动收益（损失以“—”号填列）		
信用减值损失（损失以“—”号填列）		
资产减值损失（损失以“—”号填列）		
资产处置收益（损失以“—”号填列）		
二、营业利润（亏损以“—”号填列）		
加：营业外收入		
减：营业外支出		
三、利润总额（亏损总额以“—”号填列）		
减：所得税费用		
四、净利润（净亏损以“—”号填列）		
五、其他综合收益的税后净额		
（一）不能重分类进损益的其他综合收益		
1. 重新计量设定受益计划变动额		
2. 权益法下不能转损益的其他综合收益		
……		
（二）将重分类进损益的其他综合收益		
1. 权益法下可转损益的其他综合收益		
2. 其他债权投资公允价值变动		
3. 金融资产重分类计入其他综合收益的金额		
……		
六、综合收益总额		
七、每股收益		
（一）基本每股收益		
（二）稀释每股收益		

单位负责人：　　　　　　　　财务负责人：　　　　　　　　会计主管：